GUIDE DES CHAMPIGNONS COMESTIBLES

Sébastien Mallet

GUIDE DES CHAMPIGNONS COMESTIBLES

Les 35 champignons comestibles à connaître et cuisiner

Copyright © 2023 – Avenet Edition

Avis de non-responsabilité

Chers lecteurs, les informations présentées dans ce livre sont uniquement destinées à des fins d'éducation et de connaissance. Tous les efforts ont été faits pour garantir l'exactitude de ces informations, leurs fiabilités et leurs sources après vérification.

Les informations ci présentes ne sauraient en aucun cas se substituer aux avis des spécialistes et l'auteur décline toute responsabilité quant à la mauvaise interprétation de ces informations

Sommaire

INTRODUCTION : PLONGEE DANS LE MONDE DES CHAMPIGNONS

Pourquoi s'intéresser aux champignons comestibles ?

Depuis la nuit des temps, les champignons ont fasciné, intrigué et même effrayé l'humanité. Ces étranges créatures du règne végétal, ni plantes ni animaux, semblent apparaître mystérieusement du sol après une averse, évoluant en une variété de formes, de tailles et de couleurs étonnantes. Ils sont bien plus qu'un simple spectacle pour les yeux ; ils sont une ressource alimentaire incroyable, dense en saveurs et en bienfaits nutritionnels.

Mais pourquoi tant d'enthousiasme autour des champignons comestibles ? Plusieurs raisons justifient cet intérêt grandissant.

Tout d'abord, leur **diversité gustative** est incomparable. Le champignon de Paris, doux et subtil, n'a rien en commun avec l'umami riche et terreux de la truffe noire, ou le goût noiseté du Cèpe de Bordeaux. Chaque champignon possède une palette de saveurs unique, capable d'enrichir et de transformer n'importe quel plat. Les cuisiniers et gastronomes du monde entier les chérissent pour cette capacité à apporter profondeur et nuance aux préparations culinaires.

Ensuite, les champignons comestibles sont une **source précieuse de nutriments**. Ils sont faibles en calories, mais riches en vitamines, minéraux et antioxydants. Certains, comme le Shiitake ou le Maitake, sont également reconnus pour leurs propriétés médicinales en médecine traditionnelle asiatique, renforçant le système immunitaire et offrant une panoplie d'autres avantages pour la santé.

Au-delà de leurs atouts culinaires et nutritionnels, s'intéresser aux champignons comestibles, c'est aussi s'ouvrir à une nouvelle forme de **connexion avec la nature**. Cueillir des champignons est une activité qui demande attention, patience et respect pour l'environnement. Elle nous rappelle la beauté et la fragilité de nos écosystèmes, et la nécessité de les protéger. De plus, la forêt, avec son calme et sa sérénité, offre un cadre idéal pour la méditation et la réflexion, permettant de se ressourcer loin du tumulte du quotidien.

Enfin, plonger dans le monde des champignons, c'est aussi embrasser une part d'histoire et de culture. De nombreuses civilisations, des Romains aux Chinois, en passant par les peuples autochtones d'Amérique du Nord, ont intégré les champignons à leur alimentation, leur médecine et même leur folklore.

Les règles d'or de la cueillette

S'aventurer dans la forêt pour cueillir des champignons est une expérience gratifiante, mais elle n'est pas sans risques. Pour garantir une collecte sûre et respectueuse de l'environnement, voici quelques règles d'or à toujours garder à l'esprit.

- **Éduquez-vous avant de cueillir** : Avant de vous lancer, assurez-vous de bien connaître les espèces locales et d'être capable de distinguer les champignons comestibles de leurs dangereux sosies. Emportez toujours avec vous un guide de terrain fiable ou une application de reconnaissance des champignons.

- **Ne cueillez que ce que vous connaissez** : Si vous avez le moindre doute sur l'identité d'un champignon, abstenez-vous de le ramasser. Certains champignons toxiques peuvent ressembler étonnamment à des variétés comestibles. Mieux vaut être prudent que désolé.

- **Utilisez un couteau et un panier** : Utilisez un couteau pour couper le champignon à la base plutôt que de le déraciner, préservant ainsi l'organisme souterrain, ou mycélium. Transportez vos trouvailles dans un panier, cela permettra aux spores de se disperser pendant que vous marchez.

- **Cueillez avec modération** : Pour préserver les populations de champignons et l'écosystème forestier, ne ramassez jamais plus que ce que vous pouvez consommer et laissez toujours une partie des champignons sur place.

- **Respectez l'environnement** : Évitez de piétiner ou de perturber la végétation environnante. Les champignons jouent un rôle crucial dans la santé de nos forêts, en décomposant la matière organique et en formant des symbioses avec les plantes.

- **Ne présumez jamais de la sécurité** : Même si vous avez déjà consommé un type de champignon à l'avenir, traitez chaque nouvelle cueillette comme une découverte. Des conditions de croissance inhabituelles peuvent affecter la comestibilité d'un champignon.

- **Cueillez en groupe** : Surtout si vous êtes novice, cueillir avec des personnes expérimentées peut augmenter votre confiance et votre sécurité. De plus, la forêt est toujours plus agréable en bonne compagnie.

En respectant ces règles d'or, la cueillette de champignons devient une activité non seulement plaisante, mais aussi responsable et sécuritaire. La forêt recèle de trésors, mais elle demande aussi respect et attention. Alors, panier en main, avancez à pas de loup et savourez la magie de la cueillette !

Reconnaître un champignon : observation, couleur, habitat

L'art de reconnaître un champignon nécessite une attention particulière à ses moindres détails. Voici trois piliers essentiels pour une identification précise :

1. **Observation** : Commencez par étudier la morphologie globale du champignon. Examinez le chapeau, le pied, la présence éventuelle d'un anneau ou d'une volve. Certains ont des lamelles sous le chapeau, d'autres des tubes ou des

aiguillons. Ces caractéristiques sont primordiales pour différencier les espèces.

2. **Couleur** : Si les champignons présentent une palette de couleurs infinie, certaines nuances peuvent être indicatives d'une espèce spécifique. Prenez note non seulement de la couleur du chapeau, mais aussi des lamelles, du pied, et même de la spore (à l'aide d'une sporée). Mais attention, la couleur peut varier en fonction de l'âge du champignon ou des conditions météorologiques.

3. **Habitat** : Le lieu où pousse un champignon est souvent un indice majeur de son identité. Certains préfèrent les sols riches et humides, d'autres les bois de feuillus ou de conifères. Observez également si le champignon pousse en solitaire, en groupes, sur du bois mort, ou en symbiose avec des arbres.

En combinant ces trois axes d'observation, vous augmentez vos chances d'identifier correctement un champignon. Toutefois, n'oubliez jamais la règle d'or : en cas de doute, mieux vaut s'abstenir de consommer.

Vous êtes maintenant prêt à découvrir tous les champignons. S'intéresser aux champignons comestibles, c'est bien plus qu'une simple quête gastronomique. C'est une invitation à découvrir un univers riche, à la croisée de la nature, de la science, de l'histoire et de la culture. Alors, prêt à embarquer pour cette aventure mycologique exceptionnelle ?

Votre avis compte !

Une fois que vous aurez fini ce livre, partagez votre avis sur Amazon.

Votre retour d'expérience sera utile pour les futurs lecteurs.

Je suis impatient de voir comment ce livre a eu un impact sur vous.

Merci d'avance pour votre contribution et bonne lecture !

PARTIE I

CHAMPIGNONS FORESTIERS CLASSIQUES

Ces champignons sont les joyaux de nos forêts, souvent recherchés pour leurs saveurs distinctes et leur présence dominante dans de nombreuses cuisines traditionnelles.

LE CÈPE DE BORDEAUX
(BOLETUS EDULIS)

LE JOYAU DES FORETS FRANÇAISES

Découvrons une des stars des forêts françaises et une icône de la gastronomie : le Cèpe de Bordeaux.

Le Cèpe de Bordeaux, parfois appelé le roi des champignons, est une variété prisée aussi bien par les cuisiniers que par les cueilleurs amateurs. Sa silhouette est distinctive, **facilement reconnaissable** grâce à son chapeau épais et brun, qui peut atteindre une dizaine de centimètres de diamètre, voire plus. Sous le chapeau, vous découvrirez une face poreuse qui passe du blanc au jaune-vert avec l'âge. Son pied est robuste, souvent renflé à la base.

Comment l'identifier

Le cèpe de Bordeaux se distingue par un chapeau épais et arrondi, de couleur brune, pouvant atteindre 20 cm de diamètre. Il ne possède pas de lames, mais une spongieuse face inférieure de pores blancs à jaune-verts. Son pied est trapu, souvent ventru, blanchâtre à brunâtre orné d'un réseau plus clair. Sa chair est ferme, blanche et peut légèrement rosir à la cassure.

À ne pas confondre !

Attention au Bolet amer ou au Bolet du fiel qui ont une chair amère et peuvent provoquer des troubles digestifs. Ces champignons, bien que non mortels, peuvent gâcher un repas par leur goût très désagréable.

Cueillette

Le cèpe de Bordeaux se cueille principalement à l'automne, de septembre à novembre. Toutefois, selon les régions et les conditions météorologiques, on peut parfois le trouver dès la fin de l'été.

Les bons coins pour le trouver

Ces champignons se plaisent particulièrement dans les **forêts de chênes, de hêtres et de conifères**. Les endroits légèrement humides mais bien drainés sont leurs favoris. Les sous-bois, les clairières et les bords des sentiers sont d'excellents endroits pour débuter vos recherches.

Conseils pratiques

Avant de partir à la chasse aux cèpes, assurez-vous de disposer d'un **panier à mailles**, qui permettra aux spores de se disperser, favorisant ainsi la croissance future des champignons. Évitez de cueillir des spécimens trop jeunes ou trop vieux. L'outil idéal pour la cueillette est un petit couteau pour couper la base du pied.

En cuisine

Le Cèpe de Bordeaux est une véritable délicatesse. Sa chair ferme et blanche est **hautement appréciée** pour sa saveur douce et noisetée. Il est souvent utilisé dans des plats traditionnels, notamment dans les ragoûts, les risottos ou simplement poêlé avec de l'ail et du persil. Sa texture charnue se prête aussi à des préparations plus raffinées, comme en carpaccio ou en tartare.

Il convient de le **nettoyer soigneusement** à l'aide d'un pinceau pour enlever toutes les impuretés. Évitez de le laver sous l'eau car il risque d'absorber l'humidité et de perdre en saveur. **Séchez-le bien** avant de le cuisiner pour conserver toute sa richesse gustative. En termes de **propriétés**, le Cèpe est riche en protéines, en vitamines B, et en minéraux comme le potassium et le phosphore. Il contient également des antioxydants bénéfiques pour la santé. En bref, le Cèpe de Bordeaux est un champignon aussi nutritif que délicieux !

Le cèpe de bordeaux en cuisine

Risotto au Cèpe de Bordeaux

INGRÉDIENTS : 300 g de riz Arborio, 200 g de Cèpes de Bordeaux frais, 1 oignon, 1 gousse d'ail, 75 cl de bouillon de légumes, 10 cl de vin blanc, 50 g de parmesan râpé, 2 c. à s. de beurre, sel et poivre.

1. Faites revenir l'oignon et l'ail hachés dans une casserole avec du beurre jusqu'à ce qu'ils soient translucides.

2. Ajoutez le riz et faites-le revenir jusqu'à ce qu'il soit nacré.

3. Déglacez avec le vin blanc, puis ajoutez progressivement le bouillon tout en remuant.

4. Lorsque le riz est presque cuit, incorporez les Cèpes de Bordeaux préalablement nettoyés et coupés en morceaux.

5. Continuez la cuisson jusqu'à ce que le riz soit crémeux et que les cèpes soient cuits.

6. Hors du feu, ajoutez le parmesan râpé, mélangez bien et servez chaud.

LA GIROLLE
(Cantharellus cibarius)

L'OR JAUNE DES SOUS-BOIS

Plongeons dans l'univers mystique des sous-bois pour découvrir un trésor de la gastronomie française : la Girolle.

La Girolle, avec sa couleur jaune d'or et sa forme de trompette, est un joyau que tous les cueilleurs rêvent de trouver. Elle est renommée pour son parfum délicat et sa saveur fine et poivrée. Les girolles se démarquent par leur absence de lames véritables, préférant une structure plissée et veinée en dessous de leur chapeau.

Comment l'identifier

La Girolle est reconnaissable à son chapeau en forme de trompette, allant du jaune vif au jaune orangé. Elle ne possède pas de lames classiques, mais plutôt une surface inférieure veinée et plissée, descendant le long de son pied. Le pied est solide, généralement plus clair que le chapeau. Sa chair, fine et parfumée, offre une texture à la fois ferme et tendre.

À ne pas confondre !

Méfiez-vous de la fausse girolle ou Hygrophoropsis aurantiaca. Bien que non toxique, elle est moins savoureuse et peut décevoir en cuisine. Elle possède des lames plus nettes et sa couleur est plus pâle.

Quand la cueillir

La Girolle se récolte principalement de juin à octobre, bien que cela puisse varier selon les régions et les conditions climatiques. Elle aime particulièrement les étés pluvieux.

Les bons coins pour la trouver

La Girolle aime les forêts de feuillus, notamment sous les chênes, les hêtres et parfois les pins. Elle préfère les sols acides et bien drainés. Cherchez aux abords des sentiers forestiers, sous les feuilles mortes ou près des mousses.

Conseils pratiques

Pour la cueillette des girolles, munissez-vous d'un panier pour permettre une meilleure aération. N'utilisez pas de sacs plastiques, qui favorisent la pourriture. À la récolte, préférez les couper avec un petit couteau plutôt que de les arracher pour préserver le mycélium.

En cuisine

La Girolle est une merveille gustative célébrée dans la cuisine française. Sa chair tendre et son goût délicatement fruité, avec une pointe de poivre, en font un choix de prédilection pour les chefs et les gourmets. Elle est souvent mise en vedette dans des plats comme les omelettes, les sauces crémeuses, ou tout simplement sautées dans du beurre avec des échalotes. Sa forme unique et sa couleur éclatante permettent également des présentations élégantes, comme en garniture pour des viandes ou des poissons.

Il est conseillé de la brosser légèrement pour retirer tout résidu, sans la passer sous l'eau pour ne pas altérer sa saveur. Avant sa préparation, séchez-la bien. Point de vue **propriétés**, la Girolle est **riche en vitamines D**, essentielles pour la santé osseuse, **en fibres** pour la digestion, et possède des **antioxydants** bénéfiques. La Girolle, un champignon qui allie finesse gustative et apports nutritionnels !

La girolle en cuisine

Omelette à la Girolle

INGRÉDIENTS : 4 œufs, 150 g de Girolles fraîches, 1 petite échalote, 2 c. à s. de crème fraîche, 2 c. à s. de beurre, persil frais haché, sel et poivre.

1. Nettoyez délicatement les girolles à l'aide d'une brosse douce.

2. Dans une poêle, faites fondre le beurre et faites revenir l'échalote finement hachée jusqu'à ce qu'elle soit translucide.

3. Ajoutez les girolles et faites-les sauter à feu vif pendant 5 minutes.

4. Battez les œufs en omelette et ajoutez-y la crème fraîche, le sel et le poivre. Versez le mélange sur les girolles.

5. Cuisez à feu moyen jusqu'à ce que l'omelette soit prise mais encore baveuse au centre.

6. Parsemez de persil haché, pliez-en deux et servez immédiatement.

Savourez cette omelette riche en saveurs et profitez des bienfaits nutritifs de la girolle. Bon appétit !

LE BOLET APPENDICULÉ

(Xerocomus appendiculatus)

L'OR DES SOUS-BOIS FRANÇAIS

Plongeons au cœur de la richesse fongique française et découvrons un trésor des sous-bois : le Bolet appendiculé.

Le Bolet appendiculé, moins célèbre que le Cèpe de Bordeaux mais tout aussi apprécié, est une variété de champignon chérie des fins gourmets. Il se reconnaît à son chapeau de couleur brun orangé et sa stature imposante. Sous le chapeau, sa marge se démarque souvent par une teinte légèrement plus pâle. Quant à sa face inférieure, elle se compose d'une structure tubulaire jaune qui tend à devenir verte avec l'âge. Son pied, solide et charnu, peut présenter une nuance rosée.

Comment l'identifier

Le Bolet appendiculé se caractérise par un chapeau rond, légèrement velouté, de teinte brun orangé. La face inférieure tubulaire varie entre le jaune vif et le vert selon l'âge du champignon. Le pied est robuste, parfois légèrement renflé, avec des teintes qui peuvent virer au rose. La chair, lorsqu'elle est coupée, peut montrer une légère coloration bleuâtre.

À ne pas confondre !

Méfiez-vous du Bolet blafard ou du Bolet amer. Bien qu'ils ne soient pas toxiques, ils ont une saveur désagréable qui pourrait ruiner votre plat.

Cueillette

Le Bolet appendiculé pointe généralement le bout de son chapeau entre juin et septembre, lors des périodes humides de l'été.

Les bons coins pour le trouver

Ce champignon est friand des forêts mixtes, associant feuillus et conifères. Cherchez dans les zones où le sol est riche et légèrement humide, notamment aux pieds des chênes, des hêtres et des pins.

Conseils pratiques

Avant de partir à sa recherche, munissez-vous d'un panier à fond ajouré pour favoriser la dispersion des spores. Lors de la cueillette, optez pour un couteau aiguisé pour trancher nettement la base du pied. Veillez également à sélectionner des spécimens ni trop jeunes ni trop âgés pour une expérience gustative optimale.

En cuisine

Le Bolet appendiculé est un trésor des forêts, prisé pour sa chair délicate et son goût subtil. Sa chair ferme et jaunâtre, lorsqu'elle est fraîche, offre une saveur douce et légèrement fruitée. Couramment incorporé dans les sautés, les omelettes ou simplement grillé avec un filet d'huile d'olive, ce champignon sublime aussi les plats les plus élaborés. Il se marie parfaitement en tartare ou en accompagnement d'une viande grillée. Pour préserver sa saveur unique, il est préférable de le nettoyer délicatement avec un pinceau pour enlever toute saleté. Évitez de le rincer abondamment sous l'eau, car il peut s'imbiber et perdre de son goût. En termes de **propriétés**, le Bolet appendiculé est **riche en fibres, en vitamines D et en sélénium**. De plus, il possède des **antioxydants** qui sont un atout pour la santé. Le Bolet appendiculé est un champignon délectable et nutritif.

Le Bolet appendiculé en cuisine

Pâtes au Bolet appendiculé

INGRÉDIENTS : 250 g de pâtes de votre choix, 150 g de Bolet appendiculé frais, 2 gousses d'ail, 60 ml d'huile d'olive, 50 g de parmesan râpé, persil frais haché, sel et poivre.

1. Faites cuire les pâtes selon les instructions du paquet jusqu'à ce qu'elles soient al dente.

2. Pendant ce temps, nettoyez délicatement les champignons et émincez-les finement.

3. Dans une poêle, faites chauffer l'huile d'olive et ajoutez l'ail haché. Faites revenir jusqu'à ce qu'il soit doré.

4. Ajoutez les Bolets appendiculés émincés et faites-les sauter pendant 5-7 minutes ou jusqu'à ce qu'ils soient tendres.

5. Égouttez les pâtes et incorporez-les dans la poêle avec les champignons. Mélangez bien.

6. Servez chaud, saupoudré de parmesan râpé et de persil haché. Assaisonnez avec du sel et du poivre selon votre goût.

ORONGE
(AMANITA CAESAREA)

L'OR DORÉ DES BOIS FRANÇAIS

Plongeons-nous au cœur des sous-bois français à la découverte d'un champignon mythique et emblématique : l'Oronge ou Amanite des Césars.

L'Oronge, couramment appelée Amanite des Césars, est un champignon d'une grande élégance et d'une saveur inégalée. Appréciée depuis l'Antiquité, elle est souvent associée aux festins des empereurs romains, d'où son nom. Son chapeau de couleur orange vif à rouge orangé et sa marge striée la rendent immédiatement reconnaissable. En dessous, ses lamelles sont d'un jaune lumineux, tandis que son pied, également jaune, est orné d'un anneau membraneux.

Comment l'identifier

L'Oronge se caractérise par un chapeau lisse, de couleur orange à rouge orangé, pouvant mesurer jusqu'à 15 cm de diamètre. Ses lamelles et son pied sont jaune brillant. Le pied, robuste, présente un anneau jaune distinctif et une base bulbeuse. La chair de l'Oronge est ferme, jaune, avec une odeur agréable et fruitée.

À ne pas confondre !

Méfiez-vous de l'Amanite muscaria ou amanite tue-mouches, aux couleurs similaires mais dotée de points blancs sur le chapeau. Bien qu'elle ne soit pas mortelle, sa consommation peut entraîner des troubles graves.

Quand le cueillir

L'Oronge pousse principalement de la fin de l'été jusqu'au début de l'automne, surtout en septembre et octobre.

Les bons coins pour la trouver

Ce champignon de choix préfère les forêts de chênes et de châtaigniers. Il apprécie les terrains calcaires, bien exposés au soleil. Les bords des sentiers forestiers, les clairières et les zones herbeuses en lisière des bois sont des endroits propices pour le repérer.

Conseils pratiques

Avant de partir à la recherche des Oronges, munissez-vous d'un panier pour permettre une bonne aération des champignons et la dispersion des spores. Ne cueillez que les spécimens en parfait état, sans signes de pourriture. Pour la cueillette, un petit couteau sera l'outil idéal afin de couper proprement le pied, sans abîmer le mycélium.

En cuisine

L'Oronge, également connue sous le nom d'Amanite des Césars, est un mets d'exception dans la gastronomie française. Sa chair jaune orangé est délicatement parfumée et rappelle la finesse d'un jaune d'œuf. Elle est généralement consommée crue en salade, ou légèrement poêlée pour révéler sa saveur douce et délicate. Sa tendreté se marie aussi bien avec des viandes blanches qu'avec des préparations à base de poisson. Lors de la préparation, il est important de l'inspecter soigneusement pour s'assurer de sa fraîcheur et éviter toute confusion avec d'autres espèces. En termes de **propriétés**, l'Oronge est **riche en vitamines**, notamment la **vitamine D**, et apporte une bonne dose de **fibres**. Elle contient aussi des **antioxydants** qui sont excellents pour la santé. Somme toute, l'Oronge est un champignon qui allie plaisir gustatif et bienfaits nutritionnels.

L'Oronge en cuisine

Salade d'Oronges à l'huile d'olive

INGRÉDIENTS : 200 g d'Oronges fraîches, 2 c. à s. d'huile d'olive extra vierge, 1 c. à s. de jus de citron, quelques feuilles de basilic, sel et poivre noir.

1. Nettoyez délicatement les Oronges avec un chiffon humide pour éliminer toutes les impuretés.

2. Émincez les Oronges en fines tranches et disposez-les dans un saladier.

3. Arrosez les tranches d'Oronge avec le jus de citron.

4. Versez l'huile d'olive, salez et poivrez selon votre goût, puis mélangez délicatement.

5. Décorez avec quelques feuilles de basilic frais pour apporter une touche de couleur et de parfum.

6. Servez immédiatement, en entrée ou en accompagnement, pour une expérience gustative raffinée.

LE CLITOCYBE ODORANT
(CLITOCYBE ODORA)

UN PARFUM ENVOÛTANT DES BOIS FRANÇAIS

Découvrons ce trésor parfumé des forêts françaises : le Clitocybe odorant.

Le Clitocybe odorant, également connu sous le nom de Clitocybe odora, est un champignon remarquable non seulement pour sa belle couleur vert-bleuâtre, mais surtout pour son parfum intense d'anis. Son chapeau est légèrement convexe, s'aplatissant avec l'âge. La surface lisse et soyeuse de ce champignon est un plaisir à la fois pour les yeux et le nez. En cuisine, il est apprécié pour son arôme distinct, bien que ce ne soit pas le plus courant parmi les champignons comestibles.

Comment l'identifier

Le Clitocybe odorant se reconnaît à son chapeau de couleur vert-bleuâtre qui mesure entre 4 et 10 cm de diamètre. Sa lames décurrentes de couleur similaire sont larges et espacées. Son pied, de même teinte, est cylindrique et parfois légèrement évasé à la base. Mais son trait le plus distinctif est son parfum puissant d'anis, très perceptible lorsque l'on sent le champignon.

À ne pas confondre !

Il est crucial de ne pas le confondre avec d'autres clitocybes blancs qui peuvent être toxiques. Une identification sûre, en se fiant tant à l'aspect qu'à l'odeur, est donc essentielle pour éviter tout risque.

Cueillette

La meilleure période pour cueillir le Clitocybe odorant s'étend de l'été à l'automne, de juillet à novembre.

Les bons coins pour le trouver

Vous le rencontrerez souvent dans les forêts de feuillus, particulièrement sous les hêtres et les chênes. Recherchez les zones humides, notamment après les pluies d'automne. Il affectionne également les sous-bois riches en matière organique.

Conseils pratiques

Avant de partir à sa recherche, munissez-vous d'un panier pour faciliter la dispersion des spores. Vu sa rareté relative, soyez respectueux en ne cueillant que ce dont vous avez besoin. Utilisez un couteau pour couper délicatement le pied afin de préserver le mycélium. Et surtout, fiez-vous à votre nez : son parfum d'anis est sa signature.

En cuisine

Le Clitocybe odorant, connu également sous le nom de Clitocybe odora, est une merveille de la nature avec son parfum d'anis inoubliable. Sa chair tendre et sa teinte verdâtre le distinguent immédiatement des autres champignons. Traditionnellement, il n'est pas tant apprécié pour sa texture que pour son arôme envoûtant, rendant ce champignon idéal pour les sauces, les omelettes ou encore simplement sauté à la poêle. Il est impératif de le consommer frais pour profiter de toute son intensité aromatique. Un soin particulier est requis lors du nettoyage ; il est préférable d'utiliser une brosse douce plutôt que de le passer sous l'eau pour préserver son parfum. En matière de propriétés, le Clitocybe odorant est une bonne source de **fibres**, de **vitamines** et d'**oligo-éléments**. C'est donc un champignon qui allie plaisir gustatif et bienfaits nutritionnels.

Le Clitocybe odorant en cuisine

Omelette au Clitocybe odorant

INGRÉDIENTS : 4 œufs, 150 g de Clitocybe odorant frais, 1 échalote, 1 gousse d'ail, 2 c. à s. de crème fraîche, 30 g de beurre, sel, poivre et persil haché.

1. Nettoyez délicatement les champignons avec une brosse douce et coupez-les en fines lamelles.

2. Dans une poêle, faites fondre le beurre et saisissez l'échalote et l'ail finement hachés jusqu'à ce qu'ils soient dorés.

3. Ajoutez les lamelles de Clitocybe odorant et faites revenir pendant 5 à 7 minutes à feu moyen.

4. Battez les œufs dans un bol, ajoutez la crème fraîche, le sel et le poivre, puis mélangez bien.

5. Versez les œufs battus sur les champignons dans la poêle et cuisez à feu doux jusqu'à ce que l'omelette soit presque prise.

6. Parsemez de persil haché, pliez l'omelette en deux et servez immédiatement bien chaud.

LE MEUNIER
(CLITOPILUS PRUNULUS)

UN TRÉSOR DES PRAIRIES ET FORÊTS

Plongeons dans le monde des champignons pour découvrir le Meunier, une spécialité discrète mais savoureuse des terrains herbeux.

Le Meunier, aussi nommé Clitopilus prunulus ou encore Clitopile petite prune, est un champignon qui se distingue par son parfum farineux singulier. Il se développe généralement dans les prairies ou les lisières de forêt. Avec un chapeau allant du blanc au gris, de forme convexe qui devient progressivement déprimée, ce champignon offre une chair blanche, tendre et une odeur caractéristique rappelant celle de la farine.

Comment l'identifier

Le Meunier est reconnaissable à son chapeau de 4 à 10 cm, blanc à grisâtre, souvent déprimé au centre. Les lames, également blanches, sont serrées et descendent le long du pied. Son odeur farineuse est son trait distinctif. Sa chair blanche, douce au toucher, a une saveur agréable, ce qui le rend populaire parmi les connaisseurs.

À ne pas confondre !

Faites attention à la Clitocybe blanchi, qui peut être toxique. Son chapeau est également déprimé et ses lames blanches, mais elle dégage une odeur plus désagréable et a un goût âcre.

Quand le cueillir

La saison idéale pour le Meunier s'étend de l'été à l'automne, de juillet à octobre, selon le climat et la région.

Les bons coins où le trouver

Le Meunier privilégie les prairies, les lisières de bois et les clairières. Ils sont souvent en groupe, poussant parfois en rond de sorcière, dans des endroits humides mais pas détrempés.

Conseils pratiques

Lorsque vous cherchez le Meunier, portez une attention particulière à son odeur farineuse. C'est un excellent indice de sa présence. Pour le ramassage, optez pour un couteau aiguisé afin de trancher délicatement sa base. Après la cueillette, placez-le dans un panier pour éviter qu'il ne soit écrasé par d'autres champignons.

En cuisine

Le Meunier, également connu sous le nom de Clitopile petite prune ou Clitopilus prunulus, est un champignon qui, bien que discret, possède une saveur douce et agréable. C'est un ingrédient populaire dans la cuisine française, souvent utilisé pour son goût subtil qui rappelle celui de la noisette. Il est délicieux dans les omelettes, les quiches ou même sauté avec un peu d'ail et de persil. Pour les amateurs de gastronomie, le Meunier peut être utilisé dans des plats plus élaborés, comme les risottos ou en sauce pour accompagner des viandes blanches. Pour le préparer, il est essentiel de le nettoyer avec précaution en utilisant une brosse douce, car le lavage à l'eau peut le rendre visqueux et moins savoureux. En ce qui concerne ses **propriétés**, le Meunier est **riche en vitamines B** et contient de précieux **minéraux tels que le sélénium et le cuivre**. De plus, ce champignon contient des **antioxydants** qui sont bénéfiques pour la santé. Le Meunier est non seulement savoureux mais aussi nutritif !

Le Meunier en cuisine

Risotto au Meunier

INGRÉDIENTS : 300 g de riz Arborio, 200 g de Meuniers frais, 1 oignon, 1 gousse d'ail, 75 cl de bouillon de légumes, 10 cl de vin blanc, 50 g de parmesan râpé, 2 c. à s. de beurre, sel et poivre.

1. Dans une casserole, faites fondre le beurre et sautez l'oignon et l'ail hachés jusqu'à ce qu'ils soient translucides.

2. Introduisez le riz et faites-le dorer jusqu'à ce qu'il devienne nacré.

3. Versez le vin blanc et laissez-le réduire légèrement avant d'ajouter progressivement le bouillon tout en remuant.

4. À mi-cuisson du riz, incorporez les Meuniers soigneusement nettoyés et émincés.

5. Continuez la cuisson jusqu'à ce que le riz soit bien crémeux et que les champignons soient tendres.

6. Hors du feu, incorporez le parmesan râpé, mélangez bien et servez immédiatement.

CHANTERELLE CENDRÉE
(CRATERELLUS CINEREUS)

LA PERLE GRISÉE DES FORÊTS EUROPEENNES

Découvrons l'un des joyaux cachés des bois européens : la Chanterelle cendrée.

La Chanterelle cendrée, moins connue que sa cousine la Chanterelle en tube, est pourtant un délice culinaire. De teinte grise à presque noire, ce champignon se distingue par son apparence délicate et ses plis sous le chapeau. Elle a un parfum fruité et une texture tendre qui la rendent populaire dans diverses cuisines. Sa forme est généralement petite, souvent moins de 10 cm, avec un chapeau légèrement incurvé.

Comment l'identifier

La Chanterelle cendrée présente un chapeau grisé, presque noir, avec des plis distinctifs plutôt que des lames. Ces plis sont de couleur plus claire que le chapeau. Son pied est élancé, et sa chair est parfumée avec une teinte légèrement grise ou charbonneuse.

À ne pas confondre !

Méfiez-vous des fausses chanterelles qui peuvent avoir une apparence similaire mais des lames distinctes. Bien qu'elles ne soient généralement pas toxiques, leur saveur n'est pas aussi agréable que celle de la Chanterelle cendrée.

Quand la cueillir

La Chanterelle cendrée se cueille principalement en automne, bien que sa saison puisse commencer dès la fin de l'été, en fonction des conditions locales.

Les bons coins pour la trouver

Privilégiez les forêts de feuillus, en particulier sous les chênes, les hêtres et les bouleaux. La Chanterelle cendrée apprécie les sols riches en humus et les zones légèrement humides, comme les bords des ruisseaux.

Conseils pratiques

Lors de la cueillette, utilisez un petit pinceau pour éliminer les débris de la base du champignon. Les Chanterelles cendrées étant souvent cachées parmi les feuilles mortes, une paire de gants fins peut être utile pour fouiller sans endommager le champignon. Comme toujours, disposez d'un panier à mailles pour aider à la dispersion des spores.

En cuisine :

La Chanterelle cendrée est un trésor caché des sous-bois. Sa chair parfumée, d'une teinte grise à charbon, offre une expérience culinaire distincte. Elle se démarque dans de nombreux plats, que ce soit sautée avec du beurre, dans des omelettes, ou incorporée dans des pâtes. Sa subtile saveur fumée s'accorde merveilleusement bien avec des ingrédients tels que le thym ou le fromage de chèvre. Avant de la cuisiner, il est essentiel de la nettoyer délicatement pour éliminer tout résidu forestier. Plutôt que de la passer sous l'eau, secouez-la légèrement ou utilisez un pinceau. Au niveau des **propriétés**, la Chanterelle cendrée est **riche en fibres, vitamines D, et minéraux tels que le sélénium**. Elle possède aussi des **antioxydants** qui contribuent à une alimentation saine. C'est un champignon qui allie plaisir gustatif et bienfaits nutritionnels !

La chanterelle cendrée en cuisine

Pâtes à la Chanterelle cendrée

INGRÉDIENTS : 300 g de pâtes au choix, 200 g de Chanterelles cendrées fraîches, 1 oignon, 2 gousses d'ail, 20 cl de crème fraîche, 50 g de fromage de chèvre, 2 c. à s. d'huile d'olive, sel et poivre.

1. Dans une poêle, faites revenir l'oignon et l'ail hachés dans de l'huile d'olive jusqu'à ce qu'ils soient tendres.

2. Ajoutez les chanterelles cendrées préalablement nettoyées et coupées. Faites-les sauter jusqu'à ce qu'elles soient bien dorées.

3. Dans une casserole, faites cuire les pâtes selon les instructions du paquet.

4. Une fois les pâtes cuites, égouttez-les et réservez.

5. Ajoutez la crème fraîche et le fromage de chèvre dans la poêle avec les chanterelles. Remuez bien jusqu'à obtenir une sauce onctueuse.

6. Mélangez les pâtes avec la sauce, assaisonnez de sel et de poivre selon le goût, et servez immédiatement.

TROMPETTE DE LA MORT
(CRATERELLUS CORNUCOPIOIDES)

L'ÉNIGMATIQUE SOMBRE DES BOIS

Plongeons dans l'univers mystérieux des forêts françaises pour découvrir la Trompette de la mort, un trésor culinaire sombre et intrigant.

La Trompette de la mort, malgré son nom macabre, est l'une des délices cachés des forêts françaises. Elle est appréciée pour sa saveur riche et boisée. De couleur noire à gris foncé, sa forme évoque celle d'une trompette inversée, d'où son appellation. Souvent utilisée dans les cuisines raffinées, elle peut transformer un plat ordinaire en une expérience gustative mémorable.

Comment l'identifier

Cette variété présente un chapeau en forme d'entonnoir qui s'étend jusqu'au pied, d'une teinte allant du gris au noir charbon. Elle est dépourvue de lames traditionnelles, optant plutôt pour une surface lisse. La base est souvent plus évasée, donnant une silhouette tubulaire à ce champignon.

À ne pas confondre !

Veillez à ne pas la mélanger avec d'autres variétés sombres qui pourraient être toxiques. La ressemblance est parfois trompeuse, mais la texture et la saveur distinctes de la Trompette de la mort restent inégalées.

Quand la cueillir

La Trompette de la mort s'épanouit surtout de la fin de l'été au milieu de l'automne, avec un pic en septembre et octobre.

Les bons coins pour la trouver

Elle se plaît dans les sous-bois humides, particulièrement sous les feuillus comme les chênes et les hêtres. Recherchez des zones ombragées, où le sol est riche et bien drainé, souvent à proximité de vieux arbres ou de troncs en décomposition.

Conseils pratiques

Lors de votre quête, optez pour un panier à mailles pour permettre une dispersion naturelle des spores. Étant donné sa couleur sombre, utilisez une lampe de poche pour mieux distinguer sa teinte contre le sol forestier. Lors de la cueillette, soyez doux pour ne pas écraser ce champignon délicat et utilisez un couteau tranchant pour prélever sans abîmer.

En cuisine

La Trompette de la mort, malgré son nom inquiétant, est une pépite gustative des sous-bois. Sa couleur sombre et sa forme singulière cachent une saveur boisée et riche, parfaite pour rehausser de nombreux plats. Elle est fréquemment utilisée dans des préparations comme les pâtes, les risottos ou encore sautée avec une touche d'ail. Sa consistance délicate s'harmonise aussi à des créations culinaires plus sophistiquées, comme des terrines ou des mousses. Pour la préparation, il est préférable de la nettoyer délicatement avec une brosse pour éliminer les résidus de terre. L'eau pourrait la rendre trop humide, diminuant ainsi son goût intense. Concernant ses **propriétés**, la Trompette de la mort est **riche en vitamines** et **minéraux**, apportant de nombreux **bienfaits nutritionnels**. En bref, la Trompette de la mort est un champignon aussi sain que savoureux !

Trompette de la mort en cuisine

Risotto à la Trompette de la mort

INGRÉDIENTS : 300 g de riz Arborio, 150 g de Trompettes de la mort fraîches, 1 oignon, 1 gousse d'ail, 75 cl de bouillon de champignons, 10 cl de vin blanc, 50 g de parmesan râpé, 2 c. à s. de beurre, sel et poivre.

1. Dans une casserole, faites suer l'oignon et l'ail finement hachés avec le beurre jusqu'à ce qu'ils soient translucides.

2. Intégrez le riz et remuez jusqu'à ce qu'il devienne légèrement transparent.

3. Versez le vin blanc, et une fois absorbé, commencez à ajouter le bouillon progressivement en remuant constamment.

4. Lorsque le riz est à mi-cuisson, ajoutez les Trompettes de la mort préalablement nettoyées et coupées.

5. Continuez de cuire jusqu'à ce que le riz soit tendre et que les champignons soient bien intégrés.

6. Hors du feu, incorporez le parmesan, mélangez pour obtenir une consistance crémeuse, puis servez immédiatement.

LE GOMPHIDE GLUTINEUX
(GOMPHIDIUS GLUTINOSUS)

UNE PERLE MÉCONNUE DES SOUS-BOIS FRANÇAIS

Partons à la découverte d'un des trésors cachés des forêts françaises : le Gomphide glutineux.

Le Gomphide glutineux, moins célèbre que certains de ses confrères, est néanmoins un champignon intrigant que les fins connaisseurs apprécient. Avec son chapeau visqueux et luisant, variant du rose au brun, il est un spectacle à lui seul. Le dessous du chapeau révèle des lamelles grises à violacées, et son pied, souvent doté d'une teinte jaune, contraste avec le reste.

Comment l'identifier

Ce champignon se reconnaît principalement à son chapeau gluant, avec des nuances de rose à brun. Il dispose de lamelles grises à violacées en dessous et un pied souvent jaunâtre. La base du pied peut être englobée dans une gelée épaisse. Sa chair est blanche avec une légère teinte rosée lorsqu'elle est coupée.

À ne pas confondre !

Prenez garde aux autres espèces visqueuses des forêts qui pourraient ressembler au Gomphide mais qui peuvent être moins agréables au goût ou indigestes. Une observation attentive est essentielle pour éviter les confusions.

Cueillette

Le Gomphide glutineux se cueille principalement à la fin de l'été et au début de l'automne, particulièrement après les pluies lorsque l'humidité est élevée.

Les bons coins pour le trouver

Il aime les sols acides des forêts de conifères, en particulier sous les pins et les épicéas. Recherchez-le dans les endroits humides, en particulier après les pluies, là où le sol reste frais et riche en matière organique.

Conseils pratiques

Avant de partir en quête du Gomphide glutineux, pensez à vous munir d'un panier à fond aéré pour préserver l'état de vos récoltes. Le chapeau visqueux du Gomphide peut retenir feuilles et débris, alors nettoyez-le doucement avec un chiffon humide. Pour la cueillette, un couteau tranchant aidera à couper le pied sans endommager le champignon.

En cuisine

Le Gomphide glutineux est un champignon intrigant mais qui, bien préparé, peut devenir une délicatesse. Sa chair tendre et visqueuse peut nécessiter un peu de préparation avant la cuisson, mais elle offre une texture unique et une saveur subtile. Ce champignon se marie bien avec des plats à base de crème ou de beurre, comme les pâtes ou les ragoûts. Son aspect gluant peut également donner une consistance intéressante aux soupes et aux sauces.

Il est recommandé de bien le nettoyer à l'aide d'un chiffon humide pour enlever sa couche visqueuse. Évitez de le rincer directement sous l'eau pour préserver son goût. En matière de **propriétés**, le Gomphide glutineux est une source de **vitamines** et de **minéraux** essentiels. Il possède également des **antioxydants** qui sont bénéfiques pour la santé. Dans l'ensemble, c'est un champignon qui vaut la peine d'être exploré en cuisine !

Le Gomphide glutineux en cuisine

Pâtes à la crème et Gomphide glutineux

INGRÉDIENTS : 300 g de pâtes de votre choix, 150 g de Gomphide glutineux nettoyés et coupés en lamelles, 1 oignon finement haché, 2 gousses d'ail émincées, 20 cl de crème fraîche, 50 g de parmesan râpé, 2 c. à s. d'huile d'olive, sel et poivre.

1. Dans une grande poêle, chauffez l'huile d'olive et faites revenir l'oignon et l'ail jusqu'à ce qu'ils soient dorés.

2. Ajoutez les lamelles de Gomphide glutineux et faites cuire jusqu'à ce qu'ils soient tendres.

3. Pendant ce temps, faites cuire les pâtes selon les instructions du paquet.

4. Une fois les champignons cuits, ajoutez la crème fraîche à la poêle et mélangez bien.

5. Égouttez les pâtes et ajoutez-les à la poêle. Mélangez bien pour enrober les pâtes de sauce.

6. Servez chaud avec du parmesan râpé sur le dessus.

LE PIED DE MOUTON
(HYDNUM REPANDUM)

UNE DÉCOUVERTE CULINAIRE DES FORÊTS DE FRANCE

Plongeons au cœur des sous-bois pour rencontrer une merveille souvent méconnue : le Pied de mouton.

Le Pied de mouton, aussi désigné sous le nom d'Hydne sinueux, est un champignon qui intrigue et fascine. Ses aiguillons pendants sous le chapeau, plutôt que des lames ou des pores, lui confèrent une apparence unique. Le chapeau, irrégulier et ondulé, varie du blanc crème au brun orangé. Le pied, ferme et robuste, offre une chair blanche et tendre, qui résiste bien à la cuisson.

Comment l'identifier

Le Pied de mouton se caractérise par son chapeau ondulé, allant du blanc au brun orangé, et surtout par ses aiguillons pendants, qui le distinguent d'autres champignons. Son pied est robuste et sa chair, lorsqu'on la coupe, présente une teinte blanche à légèrement rosée, restant ferme sous le toucher.

À ne pas confondre !

Soyez vigilants avec le Hydnum amarum, une variante plus amère. Bien que comestible, son goût désagréable peut ruiner un plat. Il est préférable de goûter un petit morceau avant de cuisiner pour éviter des surprises.

Cueillette

Le Pied de mouton apparaît de l'été à l'automne, peuplant généreusement les forêts lors des mois de septembre et octobre.

Les bons coins pour le trouver

Amoureux des forêts de feuillus, en particulier des chênes et des hêtres, le Pied de mouton se plait dans les terrains bien drainés, souvent en lisière des bois ou des clairières.

Conseils pratiques

Lors de votre quête des Pieds de mouton, munissez-vous d'un sac en toile pour permettre aux spores de se disperser. Optez pour un couteau à champignons avec une brosse intégrée, idéal pour nettoyer délicatement les aiguillons. Enfin, leur texture particulière nécessite une cuisson adaptée, n'hésitez pas à les blanchir brièvement avant de les incorporer dans vos recettes.

En cuisine

Le Pied de mouton, ou *Hydnum repandum*, est un trésor culinaire que l'on trouve dans les sous-bois. Sa chair blanche, ferme et tendre, est particulièrement appréciée pour sa saveur subtile et légèrement sucrée. Traditionnellement, ce champignon est intégré à des préparations rustiques telles que les soupes, les omelettes ou les poêlées avec des herbes aromatiques. Toutefois, sa texture délicate se marie également à merveille dans des mets plus élaborés, comme des pâtes crémeuses ou des plats mijotés. Il est primordial de le nettoyer avec précaution, en utilisant une brosse douce pour éliminer les résidus terreux. Immergez-le brièvement si nécessaire, mais évitez un contact prolongé avec l'eau pour préserver ses arômes. **En termes de propriétés, le Pied de mouton est une source riche de fibres, de vitamines D, et de minéraux tels que le sélénium et le zinc.** Il renferme également des composés anti-inflammatoires, faisant de lui un allié pour la santé autant qu'une délectation pour les papilles.

Le pied de mouton en cuisine

Omelette aux Pieds de mouton

INGRÉDIENTS : 4 œufs, 200 g de Pieds de mouton frais, 1 échalote, 1 gousse d'ail, 2 c. à s. de crème fraîche, 2 c. à s. de beurre, persil frais haché, sel et poivre.

1. Nettoyez délicatement les Pieds de mouton et coupez-les en petits morceaux.

2. Dans une poêle, faites fondre le beurre et saisissez-y l'échalote et l'ail finement hachés jusqu'à ce qu'ils soient tendres.

3. Ajoutez les morceaux de champignon et faites-les sauter pendant environ 5 minutes, jusqu'à ce qu'ils soient dorés.

4. Dans un bol, battez les œufs avec la crème, le sel et le poivre. Versez ce mélange sur les champignons dans la poêle.

5. Cuisez à feu doux jusqu'à ce que l'omelette soit presque prise, puis parsemez de persil frais.

6. Pliez l'omelette en deux, laissez dorer quelques instants de chaque côté et servez chaud.

LE HYGROPHORE DE MARS
(HYGROPHORUS MARZUOLUS)

UN TRÉSOR PRÉCOCE DES SOUS-BOIS

Embarquez dans une quête gourmande à la découverte de l'un des premiers champignons de l'année : l'Hygrophore de mars.

L'Hygrophore de mars, également surnommé "hygrophore de mars", est une pépite que les connaisseurs cherchent avec impatience à la fin de l'hiver. Son allure élégante, caractérisée par un chapeau variant du brun-gris au noirâtre et des lamelles blanches à crème, en fait un spécimen unique. Sa chair blanche, épaisse et compacte, exhale une odeur agréable, légèrement fruitée, qui rappelle parfois la noisette.

Comment l'identifier

Cet hygrophore possède un chapeau allant de 5 à 10 cm de diamètre, souvent convexe puis s'étalant avec l'âge. Ses lamelles sont serrées, blanchâtres à crème, s'épaississant au toucher. Le pied, de couleur semblable au chapeau, est ferme et cylindrique. À la coupe, sa chair blanche peut évoquer des notes fruitées.

À ne pas confondre !

Méfiez-vous des autres hygrophores à l'aspect similaire ou de certaines espèces de Cortinaires qui peuvent être toxiques. Une identification minutieuse est cruciale pour éviter tout risque.

Quand le cueillir

L'Hygrophore de mars fait honneur à son nom, se manifestant principalement de février à avril, marquant la transition entre l'hiver et le printemps.

Les bons coins où le trouver

Privilégiez les forêts de conifères, en particulier sous les pins et les épicéas. Ces champignons apprécient les sols humides, à l'abri des rayons directs du soleil, souvent dissimulés parmi les aiguilles tombées.

Conseils pratiques

Lors de vos excursions, munissez-vous d'une petite brosse pour nettoyer délicatement l'Hygrophore de mars sur place, ce qui préservera sa texture en cuisine. La cueillette à la main, en tordant légèrement à la base, est recommandée pour ce champignon fragile. N'oubliez pas votre panier pour faciliter la dispersion des spores.

En cuisine

L'Hygrophore de mars est un joyau culinaire qui signe le début du printemps. Sa chair parfumée, blanche et tendre, est appréciée pour sa saveur délicate et légèrement fruitée, qui se marie parfaitement aux mets printaniers. Il est idéal pour des préparations simples, comme une poêlée aux herbes fraîches ou incorporé à des omelettes. Toutefois, sa saveur unique peut également briller dans des plats plus élaborés, tels que des terrines ou des crèmes. Avant toute préparation, il est essentiel de le brosser doucement pour enlever les résidus. Il est déconseillé de le laver, car il peut se gorger d'eau. Pour bénéficier pleinement de ses arômes, il est préférable de le consommer rapidement après la cueillette. Côté **propriétés**, l'Hygrophore de mars est une source de **fibres**, de **vitamines** et contient des **composés antioxydants**. Un champignon qui allie finesse en bouche et bienfaits pour la santé !

L'Hygrophore de mars en cuisine

Tagliatelle à l'Hygrophore de mars

INGRÉDIENTS : 250 g de tagliatelle, 150 g d'Hygrophore de mars frais, 1 échalote, 1 gousse d'ail, 20 cl de crème fraîche, 50 g de parmesan râpé, 2 c. à s. d'huile d'olive, sel et poivre.

1. Dans une poêle, faites revenir l'échalote et l'ail hachés dans l'huile d'olive jusqu'à ce qu'ils deviennent translucides.

2. Ajoutez les champignons préalablement nettoyés et coupés en lamelles.

3. Faites cuire à feu moyen jusqu'à ce que les champignons soient tendres.

4. Pendant ce temps, faites cuire les tagliatelle dans une grande casserole d'eau bouillante salée.

5. Une fois les champignons cuits, versez la crème fraîche dans la poêle et remuez bien.

6. Égouttez les pâtes et incorporez-les à la sauce aux champignons.

7. Servez chaud, saupoudré de parmesan râpé.

LE BOLET BAI
(IMLERIA BADIA)

LE TRÉSOR CACHÉ DES BOIS

Explorons une merveille discrète des forêts
européennes : le Bolet bai.

Le Bolet bai, connu également sous le nom de Bolet des bouviers, est un champignon réputé pour sa saveur douce et sa texture agréable. Son chapeau, qui varie du brun au brun rougeâtre, peut mesurer jusqu'à 20 centimètres de diamètre. En dessous, une surface poreuse, initialement blanche, vire au jaunâtre avec le temps. Son pied est ferme, légèrement retenu à la base, et arbore une couleur similaire à celle du chapeau.

Comment l'identifier

Le Bolet bai se caractérise par son chapeau brun-rouge et sa forme convexe. En dessous, il révèle des pores jaunâtres qui brunissent en vieillissant. Son pied, robuste et élancé, est souvent orné de motifs réticulés plus clairs. Lorsqu'on coupe sa chair, elle peut prendre une teinte légèrement bleuâtre avant de revenir à sa couleur initiale.

À ne pas confondre !

Attention au Bolet radicant et au Bolet amer qui peuvent avoir un goût désagréable. Bien que non toxiques, leur amertume pourrait ruiner un plat préparé avec soin.

Cueillette

Le Bolet bai préfère les mois frais et humides, se révélant surtout de juillet à octobre. Cependant, certains le repèrent dès le début de l'été.

Les bons coins pour le trouver

Ce champignon s'épanouit particulièrement sous les conifères, les chênes et les bouleaux. Il aime les terrains acides. Pour maximiser vos chances, cherchez-le dans les sous-bois denses, aux pieds des arbres anciens et près des mousses.

Conseils pratiques

Avant de partir à sa recherche, munissez-vous d'un panier aéré, ce qui aidera à la dispersion des spores. N'hésitez pas à prendre des photos des spécimens pour aider à leur identification. Pour la récolte, préférez utiliser un couteau afin de ne pas endommager le mycélium sous-jacent.

En cuisine

Le Bolet bai est un trésor de nos forêts. Sa chair ferme et douce, aux nuances de noisette, le rend populaire parmi les gourmets et les chefs. Il se prête merveilleusement bien à diverses préparations culinaires, qu'il soit grillé, sauté ou incorporé dans des soupes et des ragoûts. Sa belle couleur brun-rougeâtre donne une teinte délicieuse aux plats. Pour préserver ses arômes, il est recommandé de le nettoyer délicatement avec un pinceau et d'éviter de le passer sous l'eau. **En termes de propriétés, le Bolet bai est riche en protéines, vitamine D, et minéraux essentiels tels que le zinc et le cuivre.** Il offre également une bonne dose d'antioxydants, favorisant ainsi une bonne santé. Ce champignon est une combinaison parfaite de goût et de bienfaits nutritionnels.

Bolet bai en cuisine

Pâtes au Bolet bai

INGRÉDIENTS : 250 g de pâtes de votre choix, 150 g de Bolet bai frais, 1 oignon émincé, 2 gousses d'ail hachées, 20 cl de crème fraîche épaisse, 50 g de parmesan râpé, 3 c. à s. d'huile d'olive, sel et poivre.

1. Dans une grande casserole, faites cuire les pâtes selon les instructions du paquet.

2. Pendant ce temps, dans une poêle, chauffez l'huile d'olive et faites sauter l'oignon et l'ail jusqu'à ce qu'ils deviennent translucides.

3. Ajoutez les Bolet bai préalablement nettoyés et coupés en fines tranches. Cuisez jusqu'à ce qu'ils soient tendres.

4. Incorporez la crème fraîche et laissez mijoter à feu doux jusqu'à ce que la sauce épaississe légèrement.

5. Égouttez les pâtes et incorporez-les à la sauce. Mélangez bien.

6. Servez chaud, saupoudré de parmesan râpé et assaisonné à votre goût.

LE POLYPORE SOUFRÉ
(LAETIPORUS SULPHUREUS)

L'ÉCLATANT DE NOS BOIS

Découvrons ce champignon coloré qui ravit l'œil et intrigue les amateurs de cueillette : le Polypore soufré.

Le Polypore soufré est une espèce fascinante, souvent appelée "champignon de poulet" en raison de sa texture qui rappelle la viande de volaille. Ce champignon vivace émerge directement des troncs des arbres, affichant une magnifique palette de couleurs allant du jaune brillant à l'orange. Il se compose de plusieurs couches superposées, semblables à des étagères.

Comment l'identifier

Le Polypore soufré se reconnaît à ses couches superposées de couleur vive, généralement jaune ou orange. Il ne possède pas de pied, poussant directement sur le bois. Sa face inférieure, poreuse, est d'un jaune intense, et sa chair est épaisse et tendre.

À ne pas confondre !

Méfiez-vous du Polypore amadouvier qui est beaucoup plus coriace. Bien qu'il ne soit pas toxique, sa consistance et son goût diffèrent grandement du Polypore soufré et pourraient décevoir vos papilles.

Quand le cueillir

Le Polypore soufré pousse principalement durant la période estivale, de juin à septembre, mais il peut parfois apparaître au printemps selon les régions.

Les bons coins pour le trouver

On trouve fréquemment le Polypore soufré sur les troncs d'arbres feuillus, particulièrement le chêne et le peuplier. Recherchez les arbres morts ou en décomposition dans les forêts humides ou les zones boisées.

Conseils pratiques

Quand vous cueillez le Polypore soufré, privilégiez les spécimens jeunes et tendres, car les plus vieux peuvent devenir caoutchouteux. Conservez-les dans un sac en papier plutôt qu'en plastique pour éviter la condensation. Et n'oubliez pas, avant toute dégustation, assurez-vous de bien le cuire pour profiter au mieux de sa saveur unique.

En cuisine

Le Polypore soufré, aussi connu sous le nom de "champignon de poulet", est une étonnante trouvaille culinaire. Sa chair tendre et juteuse rappelle étonnamment le goût du poulet ou du tofu. Communément utilisé dans les cuisines végétariennes comme substitut de viande, il trouve sa place dans de nombreuses recettes, des sautés aux grillades, en passant par les soupes. Ses teintes vives de jaune et d'orange embellissent tout plat. Bien que sa texture soit délicate, il est crucial de bien le cuisiner pour révéler toute sa saveur. **En termes de propriétés, le Polypore soufré est une source riche en protéines, en fibres et en vitamines B.** Il possède également des composés antioxydants et anti-inflammatoires qui sont bénéfiques pour la santé. Le Polypore soufré n'est pas seulement savoureux, mais également nutritif !

Polypore soufré en cuisine

Tarte au Polypore soufré

INGRÉDIENTS : 1 pâte feuilletée, 250 g de Polypore soufré frais, 1 oignon émincé, 2 gousses d'ail hachées, 20 cl de crème fraîche, 3 œufs, 100 g de fromage râpé (emmental ou comté), 2 c. à s. d'huile d'olive, sel et poivre.

1.   Préchauffez le four à 180°C.

2. Dans une poêle, faites chauffer l'huile d'olive et faites revenir l'oignon et l'ail jusqu'à ce qu'ils soient tendres.

3. Ajoutez le Polypore soufré préalablement nettoyé et coupé en fines lamelles. Faites sauter jusqu'à ce qu'il soit tendre.

4. Dans un bol, mélangez la crème fraîche, les œufs, le fromage râpé, le sel et le poivre.

5. Étalez la pâte dans un moule à tarte, piquez le fond avec une fourchette. Disposez le mélange de Polypore sur la pâte puis versez la préparation crémeuse par-dessus.

6. Enfournez pendant 25 à 30 minutes ou jusqu'à ce que la tarte soit dorée. Servez chaud.

LE LÉPISTE PIED-BLEU
(LEPISTA NUDA)

LE MYSTÈRE VIOLET DES BOIS

Plongeons dans le monde fascinant de la mycologie pour découvrir le Lépiste pied-bleu, une merveille colorée des sous-bois.

Le Lépiste pied-bleu est un champignon captivant de par sa couleur vive et inhabituelle. Connue également sous le nom de Tricholome nudum, cette variété est appréciée pour sa chair tendre et son goût fin. Avec son chapeau allant du violet au brun avec l'âge, et son pied également violet, il offre un spectacle coloré rare dans nos forêts.

Comment l'identifier

Ce champignon se caractérise par son chapeau arrondi, d'une teinte pourpre, devenant brunâtre avec l'âge. Son pied, robuste et également violet, se termine par une base bulbeuse. La face inférieure présente des lames épaisses et espacées, elles aussi d'une couleur violette pâle.

À ne pas confondre !

Attention au Cortinaire violet qui, malgré sa ressemblance, est toxique et peut provoquer des troubles digestifs. Veillez donc à bien vérifier les caractéristiques avant la consommation.

Quand le cueillir

La meilleure période pour cueillir le Lépiste pied-bleu s'étend de l'automne jusqu'au début de l'hiver, notamment d'octobre à décembre.

Les bons coins pour le trouver

Ce champignon se développe principalement sous les feuillus, en particulier sous les chênes et les hêtres. Cherchez dans les forêts mixtes, aux sols riches et bien drainés. Les zones ombragées et humides seront particulièrement propices.

Conseils pratiques

Lorsque vous cueillez le Lépiste pied-bleu, optez pour les spécimens jeunes, leur chair étant plus tendre et savoureuse. Pour préserver leur fraîcheur, placez-les dans un panier, évitant ainsi la condensation. Avant toute consommation, cuisez-les bien ; ils sont délicieux sautés avec un peu d'ail et de persil.

En cuisine

Le Lépiste pied-bleu, avec sa chair tendre et sa couleur pourpre intrigante, est une vraie curiosité gustative. Reconnu pour sa saveur douce, légèrement sucrée et boisée, il s'intègre aisément dans de nombreux plats. Il est délicieux dans des omelettes, des pâtes, ou simplement sauté avec une pointe d'ail. Lorsqu'il est jeune, sa texture fine permet des créations plus audacieuses comme des terrines ou des mousselines. Il est essentiel de le brosser doucement pour le débarrasser de ses saletés. Comme pour la plupart des champignons, évitez de le passer sous l'eau, cela dénaturerait sa saveur. **Riche en vitamines D et B, en fibres alimentaires, et source de protéines**, le Lépiste pied-bleu est aussi un allié nutritionnel de choix, combinant plaisir gustatif et apports bénéfiques pour la santé.

Le lépiste pied-bleu en cuisine

Tagliatelles au Lépiste pied-bleu

INGRÉDIENTS : 250 g de tagliatelles, 150 g de Lépiste pied-bleu frais, 1 échalote, 1 gousse d'ail, 20 cl de crème liquide, 50 g de parmesan râpé, 2 c. à s. d'huile d'olive, sel et poivre.

1. Dans une poêle, faites revenir l'échalote et l'ail finement hachés dans l'huile d'olive jusqu'à ce qu'ils soient tendres.

2. Ajoutez les Lépistes pied-bleu préalablement brossés et coupés en lamelles. Faites-les sauter quelques minutes.

3. Versez la crème liquide dans la poêle et laissez mijoter à feu doux.

4. Pendant ce temps, faites cuire les tagliatelles dans une grande casserole d'eau salée.

5. Une fois cuites, égouttez-les et mélangez-les avec la sauce crémeuse aux champignons.

6. Saupoudrez de parmesan râpé, assaisonnez selon votre goût, mélangez bien et servez immédiatement.

LA LÉPIOTE ÉLEVÉE
(MACROLEPIOTA PROCERA)

LE CHANDELIER DES FORÊTS HEXAGONALES

Plongeons au cœur des forêts françaises pour découvrir une merveille mycologique : la Lépiote élevée.

La Lépiote élevée, aussi connue sous le nom de Coulemelle, est un champignon spectaculaire qui ne manque pas d'impressionner par sa taille. Elle peut s'élever jusqu'à 40 cm de haut, ce qui en fait une des plus grandes espèces comestibles. Son chapeau est orné de motifs bruns sur un fond blanc, et s'ouvre comme un éventail avec l'âge. Le pied, long et mince, présente un anneau mobile, typique de cette espèce.

Comment l'identifier

La Lépiote élevée possède un chapeau large, jusqu'à 30 cm de diamètre, avec des écailles brunes sur un fond clair. Son pied est fin, orné d'un anneau coulissant, et se termine par une base bulbeuse. Elle dégage une odeur agréable, rappelant parfois celle des noix. La chair est blanche, tendre et ne change pas de couleur à la coupe.

À ne pas confondre !

Méfiez-vous de la Lépiote brunâtre ou d'autres petites lépiotes, qui sont toxiques. Même si elles ressemblent à la Lépiote élevée à un stade jeune, leur consommation peut être dangereuse.

Quand la cueillir

La Lépiote élevée apparaît généralement à la fin de l'été et au début de l'automne, en particulier d'août à octobre.

Les bons coins pour la trouver

Ce champignon apprécie particulièrement les prairies, les lisières de forêts et les parcs. Bien qu'elle puisse pousser en forêt, elle est plus fréquente dans les zones herbeuses, notamment près des chênes et des conifères.

Conseils pratiques

Lors de la cueillette, privilégiez les spécimens jeunes avec un chapeau encore fermé, car ils offrent la meilleure texture et saveur. Utilisez un couteau pour la récolte afin de ne pas abîmer le mycélium. Et comme toujours, si vous n'êtes pas sûr de l'identification, demandez l'avis d'un expert avant de consommer.

En cuisine

La Lépiote élevée, souvent appelée Coulemelle, est un champignon qui surprend par sa stature impressionnante. Sa chair, tendre et aromatique, est un délice pour les papilles. Elle se distingue particulièrement dans des préparations simples, comme sautée avec un peu de beurre, d'ail et de persil, mais se fond aussi harmonieusement dans des quiches ou des omelettes. La partie la plus savoureuse est le chapeau, qui peut être pané et frit pour un résultat croustillant et savoureux. Pour conserver ses qualités, il est recommandé de la nettoyer délicatement à l'aide d'un chiffon humide. En termes de propriétés, la Lépiote élevée est **riche en protéines, vitamines et minéraux**, et elle est également une source d'**antioxydants**. Un champignon alliant à la fois les plaisirs gustatifs et des bénéfices nutritifs !

La Lépiote élevée en cuisine

Omelette à la Coulemelle

INGRÉDIENTS : 4 œufs, 1 chapeau de Lépiote élevée, 1 échalote, 1 gousse d'ail, 2 c. à s. de crème fraîche, 30 g de beurre, sel et poivre.

1. Nettoyez le chapeau de la Lépiote et coupez-le en lamelles fines.

2. Dans une poêle, faites fondre le beurre et ajoutez l'échalote et l'ail finement hachés.

3. Une fois translucides, ajoutez les lamelles de Lépiote élevée. Faites revenir jusqu'à ce qu'elles soient dorées.

4. Dans un bol, battez les œufs avec la crème fraîche, le sel et le poivre.

5. Versez les œufs battus sur les lamelles de champignon dans la poêle. Cuisez à feu doux en remuant délicatement.

6. Lorsque l'omelette est presque prise mais encore baveuse au centre, pliez-la en deux et servez chaud.

LES MORILLES

(MORCHELLA SPP)

LES TRÉSORS CACHÉS DES FORÊTS FRANÇAISES

Plongeons au cœur des bois français à la découverte d'un champignon mystérieux et recherché : la Morille.

La Morille, avec son aspect étonnamment alvéolé, est un trésor culinaire qui éveille la curiosité et l'appétit. Prisée par les chefs étoilés comme par les amateurs éclairés, elle se reconnaît à sa forme unique en nid d'abeille, souvent de couleur ocre ou brun foncé. Son goût, riche et boisé, la rend incontournable dans la haute gastronomie française.

Comment l'identifier

La Morille est caractérisée par son chapeau convoluté aux motifs alvéolaires, semblables à un nid d'abeille. Ce chapeau est solidement fixé au pied, qui est généralement creux. Sa couleur varie entre le beige clair, le brun et le presque noir. Elle est entièrement creuse de la base du pied jusqu'au sommet du chapeau.

À ne pas confondre !

Méfiez-vous des fausses morilles, comme Gyromitra spp., qui sont toxiques et potentiellement mortelles. Leur aspect peut tromper, mais elles ne sont pas entièrement creuses comme les véritables morilles.

Cueillette

Les Morilles se cueillent au printemps, de mars à mai, selon les régions et les conditions météorologiques.

Les bons coins pour les trouver

Les Morilles affectionnent particulièrement les sols calcaires et les forêts mixtes. Vous les trouverez souvent près des frênes, des ormes ou encore sous des pommiers. Les terrains récemment perturbés, comme les anciens feux de forêt, sont également des spots prisés pour leur recherche.

Conseils pratiques

Lors de votre quête de morilles, munissez-vous d'un sac en toile ou d'un panier pour permettre une meilleure aération des champignons. De plus, la Morille doit toujours être bien cuite avant consommation pour neutraliser les éventuelles toxines. Il est donc essentiel de bien les cuire et de ne jamais les manger crues. Une paire de ciseaux peut être utile pour couper la base du pied sans endommager le reste du champignon.

En cuisine

La Morille est un champignon haut de gamme que les gourmets du monde entier recherchent avec passion. Avec sa structure alvéolée unique et son goût riche et terreux, la Morille est souvent le point culminant de plats raffinés. Elle se prête à des recettes variées, que ce soit dans des sauces crémeuses, des farces ou simplement sautée avec du beurre et des herbes. Sa saveur complexe et prononcée peut transformer un plat ordinaire en une expérience culinaire inoubliable. Il est essentiel de bien les laver pour enlever tout résidu ou sable caché dans ses crevasses. Étant donné leur nature creuse, elles peuvent retenir de la saleté. Il est crucial de bien les cuire avant de les manger. En termes de **propriétés**, la Morille est **riche en fibres, vitamines D, et en minéraux tels que le fer et le cuivre**. Elle possède aussi des **antioxydants** bénéfiques pour notre organisme. Les Morilles ne sont pas seulement un régal pour les papilles, mais aussi un trésor nutritionnel.

La morille en cuisine

Risotto aux Morilles

INGRÉDIENTS : 300 g de riz Arborio, 150 g de Morilles fraîches, 1 oignon, 1 gousse d'ail, 75 cl de bouillon de légumes, 10 cl de vin blanc sec, 50 g de parmesan râpé, 2 c. à s. de beurre, sel et poivre.

1. Nettoyez soigneusement les morilles pour enlever tout résidu ou sable, puis coupez-les en deux ou en quatre selon leur taille.

2. Dans une grande poêle, faites fondre le beurre et faites revenir l'oignon et l'ail hachés jusqu'à ce qu'ils soient translucides.

3. Ajoutez le riz et remuez jusqu'à ce qu'il soit bien enrobé et légèrement nacré.

4. Versez le vin blanc et laissez-le réduire de moitié.

5. Commencez à ajouter le bouillon chaud petit à petit, en remuant constamment, jusqu'à ce que le riz soit cuit et crémeux.

6. Intégrez les morilles à la préparation et laissez cuire encore quelques minutes jusqu'à ce qu'elles soient tendres.

7. Hors du feu, incorporez le parmesan, mélangez bien, assaisonnez à votre goût et servez immédiatement.

LE BOLET À PIED ROUGE
(NEOBOLETUS LURIDIFORMIS)

UN TRÉSOR VIVACE DES BOIS EUROPEENS

Plongeons au cœur des bois européens pour découvrir une merveille de la nature : le Bolet à pied rouge.

Le Bolet à pied rouge est une curiosité des sous-bois, émerveillant par sa couleur et sa structure. Apprécié par certains gastronomes, ce champignon se distingue par son chapeau brun et sa face poreuse jaune à vert, mais surtout par son pied rouge vif qui le rend incontournable. Sa texture est charnue et sa saveur, bien que spécifique, est appréciée dans de nombreux plats.

Comment l'identifier

Le Bolet à pied rouge présente un chapeau brun foncé à roux, de texture veloutée. Sa particularité majeure est son pied rouge vif, contrastant avec une face poreuse jaune qui tend vers le vert à l'âge adulte. Sa chair est blanche, virant au bleu lorsqu'elle est coupée.

À ne pas confondre !

Gare au Bolet amer et au Bolet suspect, qui peuvent induire des troubles digestifs. Même s'ils ne sont pas mortels, leur saveur amère peut décevoir les palais.

Quand le cueillir

Le Bolet à pied rouge préfère les mois chauds et humides, principalement de juin à septembre. Cependant, il peut se montrer capricieux selon les régions.

Les bons coins où le trouver

Il affectionne particulièrement les sous-bois de feuillus, en particulier les hêtraies. Recherchez-le aux pieds des chênes, des bouleaux ou des hêtres, dans des endroits où le sol est bien drainé mais conserve une certaine humidité.

Conseils pratiques

Pour la cueillette du Bolet à pied rouge, privilégiez un panier en osier qui permet une bonne aération. Lors de la récolte, coupez le champignon à sa base avec un couteau pour ne pas abîmer le mycélium. Enfin, évitez de les stocker dans des sacs plastiques, préférez des sacs en tissu pour éviter la condensation et la détérioration rapide des champignons.

En cuisine

Le Bolet à pied rouge est une découverte culinaire pour beaucoup. Sa chair ferme et son goût riche lui confèrent une place unique dans la cuisine des connaisseurs. Souvent cuisiné dans des sautés ou des ragoûts, ce champignon ajoute une profondeur de saveur inégalée. Coupé en tranches fines, il peut également être grillé ou poêlé avec un peu d'huile d'olive et de l'ail. Pour les amateurs de gastronomie, sa chair dense peut être utilisée dans des plats plus élaborés, tels que des terrines ou des mousses. Comme tous les champignons, il est essentiel de le nettoyer délicatement pour éviter le sable ou la terre. Il est préférable de l'essuyer plutôt que de le laver pour conserver son goût. En termes de **propriétés**, le Bolet à pied rouge est **riche en fibres**, **en vitamines D** et contient de nombreux **minéraux comme le sélénium**. Une addition savoureuse et nutritive à tout repas !

Le Bolet à pied rouge en cuisine

Tagliatelle au Bolet à pied rouge

INGRÉDIENTS : 250 g de tagliatelle, 150 g de Bolet à pied rouge frais, 1 oignon, 1 gousse d'ail, 60 cl de bouillon de légumes, 10 cl de crème fraîche, 40 g de parmesan râpé, 2 c. à s. d'huile d'olive, sel et poivre.

1. Dans une poêle, faites revenir l'oignon et l'ail émincés avec de l'huile d'olive jusqu'à ce qu'ils soient translucides.

2. Ajoutez les champignons coupés en lamelles et faites-les dorer pendant 5 minutes.

3. Versez le bouillon et laissez réduire de moitié.

4. Pendant ce temps, faites cuire les tagliatelle dans une grande casserole d'eau bouillante salée.

5. Une fois les pâtes cuites, égouttez-les et ajoutez-les à la poêle avec les champignons.

6. Incorporez la crème fraîche et le parmesan, mélangez bien. Assaisonnez de sel et de poivre au goût, puis servez chaud.

LA RUSSULE VERDOYANTE
(RUSSULA VIRESCENS)

UNE MERVEILLE DES BOIS FRANÇAIS

Partons à la découverte d'un trésor caché des sous-bois français : la Russule verdoyante.

La Russule verdoyante, souvent désignée par sa teinte unique, est un champignon qui suscite l'intérêt des gastronomes et des mycologues. Son chapeau distinctif, généralement marbré de verts variés, est une véritable pièce d'art de la nature. Avec un diamètre pouvant atteindre 10 cm, ce champignon se démarque non seulement par son esthétique, mais également par son goût délicat. La surface du chapeau est lisse et, en dessous, de fines lamelles blanches se cachent, attendant d'être découvertes.

Comment l'identifier

La Russule verdoyante est reconnaissable à son chapeau d'une couleur verte unique, souvent veiné ou tacheté de nuances plus foncées. Elle possède des lamelles blanches serrées sous le chapeau. Son pied, solide et blanc, peut présenter des taches verdâtres avec l'âge. La chair est ferme, blanche, avec une saveur douce et sans amertume.

À ne pas confondre !

Méfiez-vous des autres russules à la teinte verte moins prononcée ou aux lamelles d'une autre couleur. Bien que beaucoup soient comestibles, certaines peuvent avoir un goût âcre ou désagréable.

Cueillette

La Russule verdoyante se ramasse généralement de l'été à l'automne, de juillet à octobre, selon les conditions météorologiques.

Les bons coins pour la trouver

Elle préfère les forêts de feuillus, en particulier sous les chênes, les hêtres et les bouleaux. Les sols riches, légèrement humides et bien drainés sont ses terrains de jeu favoris. Regardez près des racines des arbres et dans les zones herbeuses des forêts.

Conseils pratiques

Lorsque vous partez en quête de la Russule verdoyante, munissez-vous d'un panier à mailles pour favoriser la dispersion des spores. Il est important de ne cueillir que les spécimens en bon état, exempts de moisissures ou de vermine. Pour prélever le champignon, tournez-le délicatement sans le tirer pour ne pas endommager le mycélium.

En cuisine

La Russule verdoyante est un joyau méconnu des forêts françaises. Sa chair dense, de couleur blanche à crème, est remarquée pour sa saveur douce et légèrement fruitée. Couramment incorporée dans des recettes de terrines ou de quiches, elle se déguste également sautée avec quelques herbes aromatiques. La Russule verdoyante peut se prêter à des plats plus fins, tels qu'une inclusion dans des pâtes fraîches ou des omelettes garnies. Il est essentiel de la brosser délicatement pour éliminer tout résidu forestier. Immergez-la brièvement dans l'eau, puis égouttez et séchez avant de l'ajouter à votre préparation. Concernant ses **propriétés**, la Russule verdoyante est une source de fibres, contient des **vitamines** du groupe B et offre une palette de **minéraux** tels que le fer et le zinc. Elle possède aussi des **antioxydants** aidant à la défense de notre organisme. Une alliée culinaire saine et savoureuse !

La Russule verdoyante en cuisine

Pâtes à la Russule verdoyante

INGRÉDIENTS : 250 g de pâtes fraîches, 150 g de Russules verdoyantes nettoyées, 1 échalote, 2 gousses d'ail,

20 cl de crème fraîche, 30 g de parmesan râpé, 2 c. à s. d'huile d'olive, sel et poivre.

1. Dans une poêle, chauffez l'huile d'olive et faites revenir l'échalote et l'ail finement hachés jusqu'à ce qu'ils soient tendres.

2. Ajoutez les Russules verdoyantes coupées en fines lamelles et faites sauter à feu moyen pendant 5-7 minutes.

3. Dans une casserole séparée, faites cuire les pâtes conformément aux instructions du paquet.

4. Intégrez la crème fraîche aux champignons dans la poêle, assaisonnez de sel et de poivre, puis laissez mijoter à feu doux pendant 3 minutes.

5. Égouttez les pâtes et mélangez-les à la sauce crémeuse aux champignons.

6. Saupoudrez de parmesan râpé, mélangez bien et servez immédiatement.

SPARASSIS CRÉPU
(SPARASSIS CRISPA)

UNE MERVEILLE DES SOUS-BOIS

Plongeons au cœur de la forêt pour découvrir une énigme de la nature : le Sparassis crépu.

Le Sparassis crépu, souvent surnommé "chou-fleur des bois", est une curiosité parmi les champignons. Sa structure frisée et labyrinthique attire l'œil et éveille la curiosité. Largement répandu dans les forêts françaises, il est apprécié pour sa texture croquante et son goût délicat rappelant le poulet. Ce champignon se développe principalement à la base des conifères, tels que les pins.

Comment l'identifier

Le Sparassis crépu est unique avec ses lobes ramifiés ressemblant à des frisures ou des lamelles épaisses. De couleur jaune pâle à brun clair, il peut atteindre jusqu'à 30 cm de diamètre. Sa chair est ferme et blanche, avec une odeur agréable et caractéristique.

À ne pas confondre !

Faites attention à ne pas le confondre avec d'autres champignons non comestibles qui pourraient avoir une apparence frisée. Toujours se fier à des guides fiables ou à des experts lors de la cueillette.

Cueillette

La meilleure période pour cueillir le Sparassis crépu s'étend de l'été à l'automne, de juillet à octobre.

Les bons coins pour le trouver

Le Sparassis crépu affectionne particulièrement les forêts de conifères. Cherchez à la base des pins et des épicéas, en particulier là où le sol est humide mais bien drainé. Les clairières et les zones ombragées sont aussi propices.

Conseils pratiques

Lors de votre quête du Sparassis crépu, munissez-vous d'une brosse pour nettoyer délicatement les frisures du champignon sur place. Cela facilitera sa préparation culinaire. En outre, vu sa structure complexe, prenez le temps d'examiner chaque recoin pour éviter les petits insectes ou débris forestiers. Un petit ciseau peut être utile pour découper les parties abîmées.

En cuisine

Le Sparassis crépu, souvent surnommé "chou-fleur des bois", est une merveille culinaire issue des forêts. Sa texture croquante et sa saveur délicate le rendent idéal pour des préparations aussi bien simples que sophistiquées. Fréquemment utilisé en soupe ou sauté à la poêle avec des herbes, il peut aussi être incorporé dans des quiches ou des omelettes. Sa forme labyrinthique nécessite une attention particulière lors du nettoyage : il est conseillé de le rincer abondamment pour éliminer tout résidu de sable ou de terre. En termes de **propriétés**, le Sparassis crépu est **riche en vitamines D et B**, et offre une bonne source de **fibres alimentaires**. Il possède également des **antioxydants** qui renforcent le système immunitaire. Le Sparassis crépu est donc une combinaison parfaite de goût et de bienfaits nutritionnels !

Sparassis crépu en cuisine

Soupe au Sparassis crépu

INGRÉDIENTS : 200 g de Sparassis crépu frais, 1 oignon, 1 gousse d'ail, 75 cl de bouillon de légumes, 10 cl de crème fraîche, 2 c. à s. d'huile d'olive, sel et poivre.

1. Commencez par nettoyer soigneusement le Sparassis crépu pour éliminer tout résidu.

2. Dans une casserole, faites revenir l'oignon et l'ail hachés dans l'huile d'olive jusqu'à ce qu'ils soient translucides.

3. Ajoutez le Sparassis crépu coupé en petits morceaux et faites-le sauter pendant quelques minutes.

4. Versez le bouillon de légumes dans la casserole et portez à ébullition. Réduisez le feu et laissez mijoter pendant 20 minutes.

5. Mixez la soupe avec un mixeur plongeant jusqu'à obtenir une consistance lisse.

6. Intégrez la crème fraîche, mélangez bien. Assaisonnez de sel et de poivre selon votre goût, puis servez chaud.

LE TRICHOLOME PRÉTENTIEUX
(TRICHOLOMA PORTENTOSUM)

UNE ÉLÉGANCE MYSTÉRIEUSE DES BOIS FRANÇAIS

Plongeons au cœur des mystères de nos forêts pour découvrir un champignon aussi énigmatique que délicat : le Tricholome prétentieux.

Le Tricholome prétentieux, par sa teinte sombre et son aspect majestueux, évoque la noblesse des sous-bois. Avec un chapeau variant du gris anthracite au noir charbon, il attire immanquablement le regard des connaisseurs. En-dessous, une lamelle blanche à grisâtre trahit sa famille des tricholomes. Son pied, élancé et finement strié, parachève son allure distinguée.

Comment l'identifier

Ce champignon se reconnaît à son chapeau de couleur foncée, pouvant aller jusqu'à 10 cm de diamètre. Il est doté de lamelles d'un blanc légèrement grisé, non décurrentes sur le pied. Ce dernier, grisâtre et fibrilleux, est orné d'un réseau plus ou moins visible. Sa chair, ferme et blanche, exhale une odeur particulière, parfois rappelant la farine.

À ne pas confondre !

Méfiez-vous du Tricholome tigré ou du Tricholome terreux qui, bien qu'inoffensifs, ont une saveur désagréable et peuvent perturber le goût de vos plats.

Cueillette

Le Tricholome prétentieux s'épanouit en automne, de septembre à novembre. Son apparition peut varier selon les régions et les années.

Les bons coins pour le trouver

Il affectionne particulièrement les sous-bois de conifères, spécialement sous les pins et les sapins. Cherchez-le dans des endroits humides, notamment près des mousses, où il trouve refuge et s'épanouit à l'abri des rayons du soleil.

Conseils pratiques

Si vous décidez de partir à la recherche de ce trésor forestier, pensez à emporter un petit carnet pour noter les endroits propices. Le Tricholome prétentieux a tendance à revenir au même endroit année après année. N'oubliez pas de vérifier son odeur caractéristique pour éviter les confusions, et, comme toujours, cueillez avec modération et respect pour l'environnement.

En cuisine

Le Tricholome prétentieux est un trésor discret des sous-bois. Sa chair dense et délicate est souvent mise en avant pour ses nuances subtiles rappelant parfois la farine. Traditionnellement, on le retrouve dans des préparations simples pour préserver sa saveur singulière, comme légèrement sauté à la poêle avec quelques herbes. Toutefois, il peut également être intégré dans des recettes plus sophistiquées, à l'image des risottos ou des omelettes forestières. Avant toute utilisation, il est primordial de le nettoyer avec précaution, de préférence avec un pinceau. Éviter de le passer sous l'eau afin de conserver son intégrité gustative. En matière de **propriétés**, le Tricholome prétentieux est une bonne source de **fibres** et renferme des **vitamines** essentielles ainsi que des **minéraux** tels que le **magnésium** et le **zinc**. Il offre également des **antioxydants** bénéfiques pour notre organisme. C'est donc un champignon aussi sain qu'exquis !

Le Tricholome prétentieux en cuisine

Omelette au Tricholome prétentieux

INGRÉDIENTS : 4 œufs, 150 g de Tricholome prétentieux frais, 1 échalote, 2 c. à s. de crème fraîche, 30 g de beurre, sel et poivre.

1. Nettoyez délicatement les Tricholomes prétentieux à l'aide d'un pinceau et coupez-les en lamelles fines.

2. Dans une poêle, faites fondre le beurre et ajoutez l'échalote finement émincée jusqu'à ce qu'elle devienne translucide.

3. Ajoutez les lamelles de champignons et faites-les revenir jusqu'à ce qu'elles soient tendres.

4. Dans un bol, battez les œufs, la crème fraîche, le sel et le poivre, puis versez le mélange sur les champignons dans la poêle.

5. Cuisez à feu doux jusqu'à ce que l'omelette soit prise, mais encore légèrement baveuse à l'intérieur.

6. Servez immédiatement, agrémenté d'un peu de persil frais haché pour la couleur et la saveur.

LA TRUFFE BLANCHE
(TUBER MAGNATUM PICO)

LA PERLE CACHÉE DU TERROIR FRANÇAIS

Découvrons la gemme souterraine des régions françaises, symbole de luxe et de raffinement : la Truffe blanche.

La Truffe blanche, souvent considérée comme l'or blanc de la gastronomie, est un trésor culinaire prisé des chefs étoilés et des gourmets du monde entier. Son apparence irrégulière, presque comme une petite pierre, cache une saveur unique et parfumée, très recherchée. La Truffe blanche se distingue par son arôme puissant et complexe, mélange d'ail, de fromage et de terre, rendant chaque plat inoubliable.

Comment l'identifier

La Truffe blanche se reconnaît à sa surface lisse ou légèrement bosselée, de couleur allant de l'ocre au beige. Sa chair est marbrée de fines veines blanches et son parfum envoûtant est distinctif. Malgré sa petite taille, souvent comparable à celle d'une noix, elle est réputée pour son impact gustatif intense.

À ne pas confondre !

Attention à ne pas la confondre avec d'autres variétés de truffes qui sont moins parfumées et moins chères. La Truffe noire, bien que délicieuse, ne possède pas le parfum enivrant de la Truffe blanche.

Quand la cueillir

La saison de la Truffe blanche s'étend de septembre à décembre, avec un pic en octobre et novembre, la rendant parfaite pour des festins de fin d'année.

Les bons coins pour la trouver

Elle préfère les terrains calcaires, souvent près des racines des chênes et des noisetiers. Les régions du Piémont en Italie ou du Périgord en France sont réputées pour leurs truffières de qualité.

Conseils pratiques

Pour la recherche des Truffes blanches, l'aide de chiens truffiers spécialement formés est souvent indispensable. Si vous avez la chance d'en trouver, manipulez-la avec soin, enveloppez-la dans du papier absorbant et conservez-la au réfrigérateur pour préserver sa fraîcheur. Avant utilisation, brossez-la délicatement pour retirer les résidus de terre. La Truffe blanche est idéalement consommée crue, finement râpée ou émincée sur vos plats.

En cuisine

La Truffe blanche est le summum de l'élégance gastronomique. Sa chair marbrée, dégageant un parfum puissant et unique, est une véritable invitation à la décadence culinaire. Elle est souvent râpée sur des plats chauds pour libérer son arôme envoûtant, comme sur des pâtes fraîches, des risottos ou des œufs brouillés. Sa saveur complexe ajoute une touche de luxe aux préparations simples et est aussi mise en valeur dans des plats plus élaborés. Il est conseillé de la consommer fraîche pour profiter pleinement de ses nuances aromatiques. La truffe blanche ne nécessite aucune cuisson et est souvent ajoutée juste avant de servir le plat. En termes de propriétés, la Truffe blanche est **riche en fibres, en protéines** et **contient des minéraux** essentiels. Elle est également source d'**antioxydants**. La Truffe blanche, tout en étant un délice pour les papilles, présente également des bienfaits nutritionnels.

La truffe blanche en cuisine

Risotto à la Truffe blanche

INGRÉDIENTS : 300 g de riz Arborio, 20 g de Truffe blanche fraîche, 1 oignon finement haché, 75 cl de bouillon de légumes, 10 cl de vin blanc sec, 50 g de parmesan râpé, 2 c. à s. de beurre, sel et poivre.

1. Dans une grande casserole, faites revenir l'oignon dans le beurre jusqu'à ce qu'il soit translucide.

2. Ajoutez le riz et remuez jusqu'à ce qu'il devienne nacré.

3. Versez le vin blanc et laissez-le s'évaporer en remuant.

4. Incorporez progressivement le bouillon chaud tout en remuant continuellement.

5. Une fois le riz cuit et crémeux, retirez du feu et ajoutez le parmesan râpé. Mélangez bien.

6. Servez chaud dans des assiettes creuses. Râpez généreusement la Truffe blanche sur le dessus du risotto avant de servir.

LA VERPE DE BOHÈME
(VERPA BOHEMICA)

L'ÉNIGME MYCOLOGIQUE DES TERRES EUROPÉENNES

Explorons une étonnante création de la nature, à la fois curieuse et convoitée : la Verpe de Bohème.

La Verpe de Bohème, souvent considérée comme le cousin éloigné des morilles, est un champignon intrigant qui suscite la curiosité. Sa forme rappelle un chapeau de sorcier, avec une coiffe de forme irrégulière, oscillant entre le marron et le brun, fixée sur un pied élancé. La coiffe, pendante et légèrement froissée, contraste avec son pied blanchâtre et creux.

Comment l'identifier

La Verpe de Bohème est reconnaissable par sa coiffe irrégulière, rappelant une morille mais sans le maillage typique. Elle est attachée au sommet d'un pied creux, cylindrique, mesurant jusqu'à 10 cm de hauteur. La coiffe, brune et pendante, contraste avec le pied, blanchâtre et légèrement granuleux.

À ne pas confondre !

Prudence avec la morille, qui possède une coiffe maillée, ainsi qu'avec d'autres champignons toxiques ayant une silhouette similaire. Une mauvaise identification peut avoir des conséquences graves sur la santé.

Quand le cueillir

La Verpe de Bohème se découvre principalement au printemps, d'avril à juin, notamment après des périodes de pluie.

Les bons coins pour la trouver

La Verpe affectionne les sols sablonneux et les forêts de feuillus, notamment près des frênes et des peupliers. Cherchez aux abords des sentiers forestiers, dans les clairières et les terrains perturbés.

Conseils pratiques

Lors de votre quête de la Verpe de Bohème, équipez-vous d'un panier pour éviter la condensation, qui pourrait altérer la qualité du champignon. Leur aspect similaire aux morilles nécessite une identification minutieuse ; en cas de doute, consultez un expert. De plus, il est essentiel de bien cuire la Verpe avant sa consommation pour éliminer tout composant toxique.

En cuisine

La Verpe de Bohème est une curiosité culinaire au goût délicat. Sa chair tendre et son parfum subtil la rendent attrayante pour les palais avertis. Elle est traditionnellement utilisée dans des soupes, des omelettes ou simplement sautée avec un filet d'huile d'olive. Sa texture douce se marie également bien dans des plats plus élaborés, tels que des terrines ou des mousselines. Il est impératif de la nettoyer méticuleusement pour éliminer tout résidu de terre. Ne la passez pas sous l'eau ; un simple chiffon humide suffira pour la dépoussiérer. C'est un champignon qui doit absolument être cuit avant d'être consommé pour neutraliser ses composants potentiellement toxiques. En termes de **propriétés**, la Verpe de Bohème est **source de fibres alimentaires**, **vitamines** et contient des **minéraux essentiels** tels que le fer. C'est un champignon aussi fascinant qu'énigmatique à apprivoiser en cuisine !

La Verpe de Bohème en cuisine

Omelette à la Verpe de Bohème

INGRÉDIENTS : 4 œufs, 150 g de Verpes de Bohème soigneusement nettoyées, 1 échalote, 1 gousse d'ail, 20 g de beurre, 30 g de crème fraîche, persil frais haché, sel et poivre.

1. Dans une poêle, faites fondre le beurre et ajoutez l'échalote et l'ail finement hachés. Laissez-les suer jusqu'à ce qu'ils deviennent translucides.

2. Ajoutez les Verpes de Bohème coupées en morceaux. Faites-les sauter pendant 5 minutes jusqu'à ce qu'elles soient tendres.

3. Dans un bol, battez les œufs avec la crème fraîche, le sel et le poivre. Versez ce mélange sur les champignons dans la poêle.

4. Cuisez à feu doux jusqu'à ce que l'omelette soit prise mais encore légèrement baveuse au centre.

5. Parsemez de persil frais haché, pliez l'omelette en deux et servez immédiatement.

PARTIE II

CHAMPIGNONS DES PRES ET DES CULTURES

Ces champignons poussent souvent en dehors de l'environnement forestier et sont appréciés pour leur accessibilité et leur utilisation dans diverses cuisines du monde.

LE ROSÉ DES PRÉS
(AGARICUS CAMPESTRIS)

UN TRÉSOR DES PRAIRIES FRANÇAISES

Plongeons-nous dans les prairies françaises pour découvrir un champignon emblématique : le Rosé des prés.

Le Rosé des prés, également connu sous le nom d'Agaric champêtre, est une véritable merveille culinaire. Ce champignon, à la fois délicat et parfumé, séduit les gastronomes et les amateurs de cueillette. D'une couleur blanc immaculé, il dévoile des lames roses qui virent progressivement au brun avec la maturité. Son chapeau rond, souvent orné d'écailles, contraste avec un pied élancé et fin.

Comment l'identifier

L'Agaric champêtre se caractérise par un chapeau blanc, parfois parsemé d'écailles brunes, pouvant atteindre 10 cm de diamètre. Ses lames, d'abord de couleur rosée, virent au brun chocolat en vieillissant. Le pied, blanc et élancé, se termine souvent par une petite base bulbeuse. Sa chair blanche dégage une odeur agréable, typique des champignons.

À ne pas confondre !

Soyez vigilant avec l'Agaric xanthodermus, qui peut provoquer des désagréments digestifs. Bien que son odeur de phénol le distingue, une erreur d'identification pourrait gâcher votre expérience culinaire.

Cueillette

Le Rosé des prés se cueille surtout en été et en automne, de juin à octobre, lorsque les prairies sont bien fournies.

Les bons coins pour le trouver

Ce champignon affectionne particulièrement les prairies ouvertes, les pelouses et les parcs. Recherchez des zones ensoleillées, bien drainées, notamment après une pluie légère qui favorise leur apparition.

Conseils pratiques

Avant de vous lancer dans la cueillette du Rosé des prés, équipez-vous d'un panier pour permettre aux spores de se propager. Apprenez à bien différencier ce champignon des autres variétés semblables. Une loupe peut être utile pour examiner les caractéristiques des lames. Toujours cueillir avec précaution et consulter un expert si vous avez un doute.

En cuisine

Le Rosé des prés, également connu sous le nom d'Agaric champêtre, est un joyau des prairies françaises. Sa chair blanche et tendre, aux lames rosées devenant brunes avec l'âge, est renommée pour son arôme délicat et sa saveur subtilement sucrée. C'est un champignon polyvalent qui se prête à une variété de préparations culinaires, que ce soit en omelette, sauté avec de l'ail, ou même utilisé dans des salades fraîches. Sa chair délicate nécessite une attention particulière lors du nettoyage : il est préférable d'éviter de le laver directement sous l'eau pour conserver toute sa saveur. À la place, essuyez-le délicatement avec un chiffon humide. Côté nutrition, le Rosé des prés est **riche en protéines**, en **vitamines** telles que la vitamine D, et en **minéraux** comme le sélénium. Il offre également des **fibres** bénéfiques pour la digestion. Ainsi, l'Agaric champêtre n'est pas seulement un régal pour les papilles, mais aussi un atout pour la santé.

Le Rosé des prés en cuisine

Omelette au Rosé des prés

INGRÉDIENTS : 4 œufs, 200 g de Rosé des prés frais, 1 échalote, 1 gousse d'ail, 30 g de beurre, 50 g de fromage râpé (comme le comté ou l'emmental), sel et poivre.

1. Nettoyez soigneusement les champignons avec un chiffon humide et coupez-les en fines lamelles.

2. Faites revenir l'échalote et l'ail hachés dans une poêle avec du beurre jusqu'à ce qu'ils soient tendres.

3. Ajoutez les champignons et faites-les sauter jusqu'à ce qu'ils soient bien dorés.

4. Dans un bol, battez les œufs, ajoutez le fromage râpé, le sel et le poivre, puis mélangez bien.

5. Versez les œufs battus sur les champignons dans la poêle et cuisez à feu moyen jusqu'à ce que l'omelette soit prise mais encore légèrement baveuse au centre.

6. Servez chaud, accompagnée d'une salade verte ou d'un morceau de pain croustillant.

TRICHOLOME DE LA SAINT-GEORGES
(CALOCYBE GAMBOSA)

LE DÉLICE DU PRINTEMPS

Célébrons l'arrivée du printemps en découvrant une merveille de nos sous-bois : le Tricholome de la Saint-Georges.

Le Tricholome de la Saint-Georges, honoré par son nom rappelant le saint patron des champignons, est une espèce très recherchée, en particulier dans les régions méridionales. Il se distingue par son chapeau blanc et charnu, et un pied épais et solide. Son parfum est particulièrement agréable et son goût doux le rend apprécié dans de nombreuses préparations culinaires.

Comment l'identifier

Ce champignon se caractérise par un chapeau convexe, blanc à légèrement crème, pouvant mesurer jusqu'à 10 cm de diamètre. Il présente des lames blanches et serrées. Son pied, robuste et plein, est également blanc et peut présenter une base légèrement évasée. La chair est blanche, ferme, et dégage une agréable odeur de farine.

À ne pas confondre !

Attention au Tricholome tigré ou à d'autres variétés blanches qui, bien qu'ils ne soient pas toxiques, peuvent être moins digestes ou avoir un goût désagréable, compromettant ainsi la qualité de vos plats.

Quand le cueillir

Le Tricholome de la Saint-Georges pousse principalement au printemps, spécifiquement d'avril à juin, marquant ainsi la célébration du renouveau de la nature.

Les bons coins pour le trouver

Privilégiez les prairies bien exposées au soleil et légèrement humides. Les lisières de forêt et les terrains calcaires sont particulièrement propices à la croissance de ce champignon. La proximité d'arbres tels que le chêne ou le hêtre peut être un indice de sa présence.

Conseils pratiques

Lorsque vous partez à la recherche du Tricholome de la Saint-Georges, munissez-vous d'une petite brosse pour nettoyer délicatement le chapeau et le pied des champignons. Veillez également à respecter les jeunes pousses, car ce sont elles qui garantiront la prochaine génération. Utilisez un panier plutôt qu'un sac plastique, cela permettra aux champignons de "respirer" et de conserver leur fraîcheur.

En cuisine

Le Tricholome de la Saint-Georges est une pépite gustative du printemps. Sa chair dense et savoureuse dévoile des arômes subtils rappelant la noisette. Couramment utilisé dans des plats méditerranéens, il sublime les omelettes, les risottos ou encore est dégusté sauté avec un brin d'ail et quelques herbes fraîches. Sa texture et son goût délicat lui permettent également de briller dans des plats plus élaborés, tels que les carpaccios ou les tartares. Il est crucial de le brosser délicatement pour éliminer toute saleté. Éviter de le passer sous l'eau, car il pourrait se gorger d'humidité et perdre en intensité aromatique. Il est conseillé de le sécher parfaitement avant sa préparation pour garder toute sa saveur. Sur le plan nutritionnel, le Tricholome est **riche en fibres**, **en vitamines D** et regorge de **minéraux comme le sélénium et le zinc**. Il offre également des **antioxydants** essentiels. Ce champignon est un allié gustatif et santé !

Tricholome de la Saint-Georges en cuisine

Risotto au Tricholome de la Saint-Georges

INGRÉDIENTS : 300 g de riz Arborio, 200 g de Tricholomes de la Saint-Georges frais, 1 oignon, 1 gousse d'ail, 75 cl de bouillon de légumes, 10 cl de vin blanc, 50 g de parmesan râpé, 2 c. à s. de beurre, sel et poivre.

1. Dans une casserole, faites dorer l'oignon et l'ail finement hachés dans du beurre jusqu'à ce qu'ils deviennent translucides.

2. Incorporez le riz et remuez jusqu'à ce qu'il prenne une teinte nacrée.

3. Versez le vin blanc pour déglacer, puis ajoutez graduellement le bouillon tout en mélangeant régulièrement.

4. Lorsque le riz est quasi cuit, ajoutez les Tricholomes préalablement nettoyés et coupés en lamelles.

5. Poursuivez la cuisson jusqu'à obtenir un riz crémeux et que les champignons soient tendres.

6. Hors du feu, incorporez le parmesan, mélangez bien et servez immédiatement.

VESSE-DE-LOUP GÉANTE
(CALVATIA GIGANTEA)

L'ÉNIGME DES PRÉS ET PÂTURAGES

Plongez-vous dans le monde fascinant de la Vesse-de-loup géante, un mystérieux habitant des prairies.

La Vesse-de-loup géante, une curiosité naturelle, est un champignon qui intrigue par sa taille imposante. Ce spécimen peut atteindre des dimensions remarquables, parfois aussi grande qu'un ballon de football ! Sa surface lisse et blanche lui donne un aspect singulier, qui devient fripé et bruni avec l'âge. À maturité, elle libère une grande quantité de spores à travers une ouverture à son sommet, semblable à une éruption.

Comment l'identifier

Cette énorme boule blanche, douce au toucher, se reconnaît aisément. De forme globuleuse, sa surface devient irrégulière et se teinte de brun en vieillissant. En section, sa chair est initialement blanche, devenant ensuite verte et poussiéreuse lors de la libération des spores.

À ne pas confondre !

Gare à ne pas la confondre avec d'autres espèces de vesses-de-loup plus petites ou avec certains puffballs toxiques. La vérification de la taille et de la chair blanche est essentielle pour une identification sûre.

Quand la cueillir

La Vesse-de-loup géante est principalement observée de la fin de l'été jusqu'au début de l'automne, bien que cela puisse varier en fonction du climat et de la région.

Les bons coins où la trouver

Elle affectionne particulièrement les prairies, les champs ouverts et les pâturages. Cherchez dans des zones herbeuses, notamment après des périodes de pluie, où l'herbe est dense et l'humidité ambiante.

Conseils pratiques

Lors de la cueillette, optez pour des individus jeunes, à chair blanche et ferme. La Vesse-de-loup géante mature, avec sa texture poussiéreuse, n'est pas recommandée à la consommation. Pour garantir une récolte future, laissez quelques spécimens sur place pour qu'ils dispersent leurs spores. Un sac en toile est idéal pour le transport, permettant aux spores résiduelles de s'échapper.

En cuisine

La Vesse-de-loup géante est un champignon curieux qui pique la curiosité des amateurs de cuisine. Sa chair tendre et spongieuse offre une texture particulière, la rendant idéale pour des plats à la texture légère, tels que les soufflés ou les beignets. Elle peut également être grillée, cuite à la vapeur, ou incorporée dans des quiches et tartes. Sa saveur subtile s'associe parfaitement à des herbes douces comme le persil ou la ciboulette. Il est crucial de la consommer jeune, lorsque sa chair est encore blanche et ferme. Pour sa préparation, il suffit de la brosser doucement pour retirer tout résidu de terre. L'immerger dans l'eau n'est pas recommandé, car elle pourrait devenir trop spongieuse. En termes de **propriétés**, la Vesse-de-loup géante est une source de protéines, de **fibres**, **vitamine D** et contient des **antioxydants** essentiels pour la santé. Ce champignon allie donc intérêt nutritionnel et originalité en cuisine !

La Vesse-de-loup géante en cuisine

Beignets de Vesse-de-loup géante

INGRÉDIENTS : 200 g de Vesse-de-loup géante jeune, 150 g de farine, 2 œufs, 15 cl de lait, 1 c. à s. d'huile d'olive, 1 c. à c. de levure chimique, sel, poivre, et huile pour la friture.

1. Nettoyez soigneusement la Vesse-de-loup et coupez-la en tranches d'environ 1 cm d'épaisseur.

2. Dans un saladier, mélangez la farine, la levure, le sel
   et le poivre.

3. Incorporez les œufs, l'huile d'olive et le lait,
   mélangez jusqu'à obtenir une pâte lisse.

4. Trempez chaque tranche de champignon dans la
   pâte pour bien l'enrober.

5. Faites chauffer l'huile dans une poêle et, une fois
   chaude, y déposer délicatement les tranches
   enrobées.

6. Faites frire des deux côtés jusqu'à ce qu'elles soient
   dorées.

7. Égouttez sur du papier absorbant, servez chaud
   accompagné de mayonnaise au citron ou d'une
   sauce de votre choix.

LE COPRIN CHEVELU
(COPRINUS COMATUS)

L'ÉLÉGANT DES PRÉS ET DES PÂTURAGES

Explorez le monde du Coprin chevelu, une figure emblématique des terrains ouverts et un régal pour les gourmets.

Le Coprin chevelu, également surnommé l'encre de Chine en raison de sa liquéfaction à maturité, est un champignon élégant, particulièrement apprécié dans la cuisine. Avec ses lamelles denses qui virent progressivement au noir, son chapeau élevé couvert d'écailles blanches et son pied élancé, il est aisément reconnaissable et attire l'attention dans les prés et les pâturages.

Comment l'identifier

Ce champignon se démarque par un chapeau long et cylindrique, couvert d'écailles blanches qui s'épaississent avec l'âge. Les lamelles, initialement blanches, deviennent grises puis noires et liquéfient en libérant une encre. Son pied est long, blanc, creux et se termine par une base bulbeuse. La chair, blanche et tendre, a une odeur douce et agréable.

À ne pas confondre !

Méfiez-vous des autres espèces de Coprins, en particulier le Coprin noir d'encre, qui peut provoquer des malaises si consommé avec de l'alcool. Bien que non toxique, cette interaction peut être désagréable.

Cueillette

Le Coprin chevelu pousse du printemps à l'automne, avec une prédilection pour la fin de l'été et le début de l'automne.

Les bons coins pour le trouver

Ce champignon affectionne les terrains ouverts, notamment les prairies, les bords de route et les terrains vagues. Il apprécie particulièrement les sols riches en matière organique, souvent à proximité de vieux troncs ou de compost.

Conseils pratiques

Lors de la récolte, il est primordial de choisir des spécimens jeunes, avant que leurs lamelles ne noircissent. Utilisez un couteau pour éviter d'endommager le mycélium et cueillez délicatement pour ne pas écraser le champignon. Étant donné sa liquéfaction rapide, consommez-le le plus tôt possible après la cueillette.

En cuisine

Le Coprin chevelu, ou Coprinus comatus, est un véritable plaisir pour les palais curieux. Sa chair blanche, douce et tendre, est particulièrement appréciée pour son goût délicat, qui rappelle légèrement l'artichaut. On le trouve souvent dans les omelettes, les soupes ou simplement sauté avec une pointe d'ail et d'herbes. Sa finesse en fait un candidat idéal pour des préparations élégantes comme des tartines ou des garnitures pour viandes et poissons. Il est crucial de le nettoyer délicatement sans le passer sous l'eau pour éviter une liquéfaction prématurée. Une brosse douce ou un chiffon humide fera l'affaire. En termes de **propriétés**, le Coprin chevelu est **riche en protéines**, **vitamines** notamment du groupe B, et en **minéraux** comme le sélénium. Il offre aussi des **fibres alimentaires** qui sont bénéfiques pour la digestion. En somme, le Coprin chevelu est un champignon aussi sain qu'exquis !

Coprin chevelu en cuisine

Omelette au Coprin chevelu

INGRÉDIENTS : 4 œufs, 150 g de Coprin chevelu frais, 1 échalote, 1 gousse d'ail, 2 c. à s. de crème fraîche, 2 c. à s. de beurre, sel, poivre, et persil haché.

1. Nettoyez délicatement les Coprins chevelus et coupez-les en fines lamelles.

2. Dans une poêle, faites revenir l'échalote et l'ail hachés avec du beurre jusqu'à ce qu'ils soient tendres.

3. Ajoutez les lamelles de champignons et faites-les sauter jusqu'à ce qu'elles soient légèrement dorées.

4. Dans un bol, battez les œufs, ajoutez la crème, le sel, le poivre, et le persil.

5. Versez cette préparation sur les champignons dans la poêle.

6. Cuisez à feu doux jusqu'à ce que l'omelette soit bien prise, puis servez chaud.

LE MARASME DES ORÉADES
(MARASMIUS OREADES)

LA PERLE DES PRAIRIES

Plongeons au cœur des prairies pour découvrir une merveille mycologique : le Marasme des Oréades.

Le Marasme des Oréades, souvent appelé le champignon des fées, est un trésor caché des champs et des prairies. Sa forme élégante et son chapeau aplati, d'une teinte caramel à brun doré, en font un spectacle pour les yeux. Ce champignon a une particularité : après avoir séché, il peut se réhydrater et retrouver sa forme initiale. Son pied fin et coriace le rend facilement identifiable parmi les autres champignons de prairie.

Comment l'identifier

Le Marasme des Oréades présente un chapeau de 2 à 5 cm de diamètre, de couleur caramel à brun. Son pied est fin, long et fibreux. Il n'a pas de lames, mais des lamellules blanches à crème. La base de son pied est souvent enroulée de mycélium blanc. Sa chair, bien que fine, est résistante et a une odeur agréable de noisette.

À ne pas confondre !

Méfiez-vous des petits champignons toxiques qui poussent également dans les prairies. Le Galère marginée, bien que semblable en apparence, est toxique et peut causer des troubles digestifs.

Quand le cueillir

Le Marasme des Oréades pousse principalement au printemps et en automne, mais peut également apparaître après de fortes pluies en été.

Les bons coins où le trouver

Ce champignon affectionne particulièrement les prairies ouvertes, les terrains herbeux et les bords des sentiers. Les pelouses bien entretenues, notamment celles des terrains de golf, sont des endroits propices.

Conseils pratiques

Avant de partir en quête de ces joyaux, munissez-vous d'un petit panier pour préserver leur forme délicate. Le Marasme des Oréades se séchant rapidement, il est conseillé de le consommer rapidement après la cueillette.

Utilisez une petite brosse pour enlever les impuretés plutôt que de le laver, pour conserver son arôme.

En cuisine

Le Marasme des Oréades est un petit trésor culinaire que l'on trouve dans les prairies. Sa chair fine et aromatique dégage une subtile saveur de noisette, le rendant parfait pour les salades, les omelettes ou simplement sauté avec un peu d'huile d'olive. Bien qu'il ne soit pas aussi charnu que certains champignons plus gros, sa saveur délicate compense largement. Pour le préparer, il est préférable de le brosser délicatement plutôt que de le laver, car il peut facilement absorber de l'eau. **En termes de propriétés, le Marasme des Oréades est riche en fibres, vitamines et minéraux, notamment le sélénium et le cuivre.** De plus, il possède des propriétés antioxydantes qui sont bénéfiques pour la santé. C'est donc un champignon à la fois savoureux et nourrissant !

Le Marasme des Oréades en cuisine

Pâtes au Marasme des Oréades

INGRÉDIENTS : 250 g de pâtes spaghetti, 150 g de Marasme des Oréades frais, 2 gousses d'ail, 4 c. à s. d'huile d'olive, 50 g de parmesan râpé, persil frais haché, sel et poivre.

1. Cuisez les pâtes selon les instructions du paquet.

2. Pendant ce temps, nettoyez délicatement les champignons et émincez-les.

3. Dans une poêle, faites chauffer l'huile d'olive et faites revenir l'ail haché jusqu'à ce qu'il soit doré.

4. Ajoutez les champignons émincés et faites-les sauter jusqu'à ce qu'ils soient tendres.

5. Égouttez les pâtes et ajoutez-les à la poêle avec les champignons. Mélangez bien.

6. Servez chaud, saupoudré de parmesan râpé et de persil frais haché. Ajoutez du sel et du poivre selon vos goûts.

PARTIE III

CHAMPIGNONS EXOTIQUES ET CULTIVES

Souvent cultivés commercialement ou originaires de régions lointaines, ces champignons ont gagné en popularité en raison de leur présence croissante dans la gastronomie moderne.

LE SHIITAKE
(LENTINULA EDODES)

L'OR DE LA CUISINE ASIATIQUE

Plongeons dans le monde fascinant de la cuisine asiatique en découvrant le Shiitake, une véritable pépite culinaire.

Le Shiitake, communément appelé le "champignon parfumé", est l'un des champignons les plus populaires en

Asie. Connu pour ses multiples vertus médicinales, il est aussi un incontournable en cuisine. Sa texture ferme et son goût riche et boisé en font un ingrédient de choix. Le chapeau est large, rond et de couleur marron avec des bords légèrement ondulés.

Comment l'identifier

Le Shiitake se reconnaît à son chapeau charnu de couleur marron, légèrement brillant, pouvant atteindre 10 cm de diamètre. Il dispose d'un pied robuste, blanchâtre à brun foncé. Sous le chapeau, il présente des lames crème. La chair du Shiitake est blanche, ferme et dégage un parfum boisé distinctif.

À ne pas confondre !

Ne le confondez pas avec le champignon Agaricus xanthodermus, qui a une odeur désagréable de phénol et peut causer des maux d'estomac. Vérifiez toujours l'identité de tout champignon avant de le consommer.

Cueillette

Bien que le Shiitake soit traditionnellement associé aux forêts asiatiques, sa popularité croissante a conduit à sa culture à travers le monde. On le récolte principalement au printemps et à l'automne.

Les bons coins pour le trouver

Originaire d'Asie, en particulier du Japon, de la Chine et de la Corée, le Shiitake est aujourd'hui cultivé dans de nombreux pays, y compris aux États-Unis et en Europe.

Cherchez-le dans les marchés asiatiques ou les boutiques spécialisées en produits biologiques.

Conseils pratiques

Avant de cuisiner le Shiitake, retirez son pied, car il peut être coriace. Pour conserver toute sa saveur, évitez de le laver à l'eau. Préférez le brosser délicatement. Pour une expérience authentique, faites-le sauter avec un peu de sauce soja et de l'ail. Si vous tombez sur des Shiitake séchés, réhydratez-les dans de l'eau chaude pendant 30 minutes avant utilisation.

En cuisine

Le Shiitake est un joyau culinaire venu d'Asie. Sa chair tendre et savoureuse, aux notes boisées et fumées, est très prisée dans de nombreuses préparations culinaires. On le retrouve dans les soupes, les sautés ou simplement grillé à la poêle avec quelques gouttes de sauce soja. Son goût unique ajoute une profondeur remarquable aux plats. Bien qu'il soit surtout célèbre dans les cuisines asiatiques, sa popularité croissante a fait son chemin dans les plats occidentaux contemporains. Lors de la préparation, il est essentiel de le brosser légèrement pour éliminer les impuretés. Immerger le Shiitake dans l'eau n'est pas recommandé car il pourrait perdre une partie de son goût intense. En termes de propriétés, le Shiitake est **riche en vitamines B et D, en minéraux comme le sélénium et en antioxydants**. C'est un champignon aussi nourrissant que délicieux !

Le Shiitake en cuisine

Poulet sauté aux Shiitake

INGRÉDIENTS : 300 g de blancs de poulet, 200 g de Shiitake frais, 1 oignon, 2 gousses d'ail, 2 c. à s. de sauce soja, 2 c. à s. d'huile de sésame, 1 c. à s. de miel, 1 c. à s. de gingembre frais râpé, sel et poivre.

1. Dans une poêle, chauffez l'huile de sésame à feu moyen.

2. Ajoutez l'oignon et l'ail hachés et faites revenir jusqu'à ce qu'ils soient dorés.

3. Intégrez le poulet coupé en dés et faites-le dorer de tous les côtés.

4. Une fois le poulet bien cuit, ajoutez les Shiitake préalablement brossés et coupés en lamelles.

5. Assaisonnez avec le gingembre, le miel et la sauce soja.

6. Laissez mijoter pendant 10 minutes à feu doux, en remuant de temps en temps.

7. Servez chaud, idéalement avec du riz blanc ou des nouilles sautées.

LE MAITAKE

(GRIFOLA FRONDOSA)

LA PERLE ASIATIQUE DES BOIS

Plongeons au cœur des forêts asiatiques pour découvrir un trésor culinaire et médicinal : le Maitake.

Le Maitake, également connu sous le nom de "roi des champignons", est une merveille issue des contrées d'Asie. Sa présence est remarquée par ses multiples frondes superposées, ressemblant à une cascade de plumes ou à la crinière d'un animal majestueux. De couleur brun-grisâtre, ce champignon possède une texture à la fois ferme et tendre. Il a longtemps été chéri non seulement pour ses saveurs exquises mais aussi pour ses vertus médicinales présumées.

130

Comment l'identifier

Le Maitake est caractérisé par son aspect multi-feuilleté, se développant en couches étagées. Il présente une surface ondulée de couleur brun-gris, avec une base souvent plus claire. Bien qu'il puisse atteindre des dimensions impressionnantes, chaque fronde reste généralement de taille modeste. Sa texture est charnue et sa saveur rappelle celle des noix.

À ne pas confondre !

Soyez prudent avec les champignons comme le Polypore en ombelle qui, bien que non toxique, n'offre pas la même saveur ni les mêmes propriétés médicinales que le Maitake.

Quand le cueillir

Le Maitake se cueille idéalement pendant l'automne. Cependant, avec les bonnes conditions météorologiques, il peut aussi être trouvé à la fin de l'été.

Les bons coins pour le trouver

Originaire d'Asie, le Maitake affectionne particulièrement les forêts humides du Japon, de la Chine et des parties de l'Amérique du Nord. Il pousse souvent à la base des chênes et d'autres arbres feuillus. Les régions montagneuses et les zones où les arbres sont en décomposition peuvent être propices à sa croissance.

Conseils pratiques

Lorsque vous recherchez le Maitake, équipez-vous d'un sac en toile ou d'un panier pour permettre une bonne aération. Ce champignon étant assez imposant, un couteau bien aiguisé sera utile pour le détacher délicatement de son substrat. N'oubliez pas de vérifier régulièrement la base de l'arbre, car il aime pousser dans des crevasses ou des zones cachées.

En cuisine

Le Maitake est un joyau culinaire originaire d'Asie, apprécié tant pour sa saveur que pour ses propriétés médicinales. Sa chair, tendre et savoureuse, est riche en umami, ce qui lui confère une saveur profonde et terreuse. Il trouve sa place dans une variété de plats, des soupes aux sautés, en passant par les grillades. En cuisine japonaise, le Maitake est souvent utilisé dans les tempuras ou mijoté dans des sauces légères. Sa texture particulière lui permet d'être dégusté même en salades, après une légère cuisson. Avant de le préparer, il est essentiel de le nettoyer délicatement pour éliminer les impuretés. Comme pour d'autres champignons, il est préférable de ne pas le laver directement sous l'eau. **En termes de propriétés, le Maitake est réputé pour soutenir le système immunitaire, aider à la régulation du taux de sucre dans le sang et posséder des antioxydants**. Une merveille de la nature aussi bien pour le palais que pour le bien-être !

Le Maitake en cuisine

Poulet sauté au Maitake

INGRÉDIENTS : 2 poitrines de poulet coupées en fines lanières, 200 g de Maitake frais, 1 oignon émincé, 2 gousses d'ail hachées, 3 c. à s. de sauce soja, 2 c. à s. d'huile d'olive, 1 c. à s. de miel, sel et poivre.

1. Dans une grande poêle, chauffez l'huile d'olive à feu moyen-haut. Ajoutez l'ail et l'oignon, et faites-les revenir jusqu'à ce qu'ils soient tendres.

2. Incorporez les lanières de poulet et cuisez jusqu'à ce qu'elles soient dorées.

3. Ajoutez le Maitake, préalablement nettoyé et déchiré en morceaux. Continuez la cuisson pendant 5 minutes.

4. Dans un petit bol, mélangez la sauce soja et le miel. Versez ce mélange sur le poulet et les champignons.

5. Mélangez bien pour que tous les ingrédients soient bien enrobés de la sauce.

6. Continuez la cuisson pendant encore 5 minutes, jusqu'à ce que le tout soit bien cuit. Rectifiez l'assaisonnement si nécessaire et servez chaud.

LE CHAMPIGNON DE PARIS
(AGARICUS BISPORUS)

LE TRÉSOR CACHÉ DES JARDINS FRANÇAIS

Plongeons au cœur des cultures françaises pour découvrir un favori culinaire intemporel : le Champignon de Paris.

Le Champignon de Paris, souvent appelé simplement "champignon blanc", est l'un des champignons comestibles les plus populaires dans le monde. Il est chéri pour sa polyvalence en cuisine et son goût doux et terreux. De forme arrondie, ce champignon présente un chapeau blanc à brun selon sa maturité. Sous ce chapeau se cachent de fines lames de couleur rosâtre à brunâtre, suivant l'âge du champignon. Son pied, ferme et cylindrique, s'accompagne souvent d'un anneau.

Comment l'identifier

Le Champignon de Paris a un chapeau lisse et rond, variant du blanc au brun. En dessous, il dévoile des lames serrées qui virent du rose au brun avec l'âge. Son pied est blanc, solide, et se termine par un bulbe à la base. Il est aussi reconnaissable par l'anneau qui entoure le pied, un vestige de son voile juvénile.

À ne pas confondre !

Méfiez-vous de l'Agaric jaunissant ou d'autres variétés toxiques qui peuvent ressembler au Champignon de Paris. Certains de ces imposteurs peuvent causer des troubles digestifs et d'autres symptômes désagréables.

Cueillette

Bien que cultivé toute l'année en France, le Champignon de Paris sauvage est principalement récolté au printemps et à l'automne.

Les bons coins pour le trouver

Originaires d'Europe, les Champignons de Paris poussent naturellement dans les prairies, parcs et jardins. En France, ils peuvent être trouvés à l'état sauvage, mais ils sont majoritairement cultivés dans des grottes et des caves, comme celles de la région de Saumur.

Conseils pratiques

Lorsque vous achetez des Champignons de Paris, préférez ceux avec un chapeau fermé, signe de leur fraîcheur. Stockez-les dans un endroit frais et aéré, idéalement dans un sac en papier. Avant de les consommer, brossez-les délicatement pour enlever les résidus de terre plutôt que de les laver, ce qui pourrait les gorger d'eau. Pour la cueillette, un panier et un couteau fin sont parfaits.

En cuisine

Le Champignon de Paris est un pilier de la cuisine française. Sa chair tendre et savoureuse est mise en avant pour son goût subtil et légèrement boisé. Il s'invite volontiers dans de nombreuses préparations, que ce soit dans les quiches, les omelettes, sauté avec des herbes ou encore en garniture de viandes. Sa forme et sa taille le rendent idéal pour être farci de diverses préparations. Pour le préparer, il est conseillé de le nettoyer délicatement avec un chiffon humide pour éliminer tout résidu de terre. Il est préférable de ne pas le passer sous l'eau, car il pourrait s'imbiber et perdre en goût. Concernant ses **propriétés**, le Champignon de Paris est **source de vitamine D, riche en fibres** et **minéraux comme le sélénium**. Il possède également des **antioxydants** essentiels à notre bien-être. Le Champignon de Paris, un ingrédient aussi nutritif qu'agréable au palais !

Le Champignon de Paris en cuisine

Champignons de Paris farcis

INGRÉDIENTS : 12 gros Champignons de Paris, 150 g de fromage de chèvre frais, 1 gousse d'ail, 2 c. à s. d'huile d'olive, 2 c. à s. de persil haché, 50 g de chapelure, sel et poivre.

1. Préchauffez le four à 200°C.

2. Détachez les pieds des champignons et hachez-les finement.

3. Dans une poêle, faites revenir les pieds hachés et l'ail émincé dans l'huile d'olive jusqu'à ce qu'ils soient dorés.

4. Hors du feu, ajoutez le fromage de chèvre, le persil haché, la chapelure, le sel et le poivre. Mélangez bien.

5. Remplissez les têtes de champignons avec cette préparation.

6. Placez les champignons farcis sur une plaque recouverte de papier cuisson et faites cuire au four pendant 15-20 minutes ou jusqu'à ce qu'ils soient bien dorés. Servez chaud.

L'ENOKI
(FLAMMULINA VELUTIPES)

LE TRÉSOR DES FORÊTS ASIATIQUES

Découvrons l'une des pépites des forêts asiatiques et un pilier de la cuisine orientale : l'Enoki.

L'Enoki, aussi connu sous le nom de champignon d'hiver, est une variété appréciée tant par les chefs asiatiques que par les amateurs de cuisine orientale. Ses longues tiges blanches et délicates, couronnées par de petits chapeaux, en font un champignon unique en son genre. Ce champignon présente une texture croquante et une saveur légèrement fruitée, ce qui le rend irrésistible dans de nombreuses préparations culinaires.

Comment l'identifier

L'Enoki se caractérise par ses fines tiges blanches ou légèrement crème pouvant atteindre une dizaine de centimètres de hauteur. Chacune se termine par un petit chapeau circulaire, souvent d'un diamètre inférieur à 5 mm. Les chapeaux sont généralement de couleur blanc crème et peuvent avoir un aspect légèrement luisant. La texture est ferme, mais reste tendre à la dégustation.

À ne pas confondre !

Méfiez-vous des champignons sauvages à longues tiges et petits chapeaux qui peuvent ressembler à l'Enoki. Certains d'entre eux peuvent être toxiques. Toujours acheter l'Enoki auprès de fournisseurs fiables ou de marchés réputés pour éviter toute confusion.

Quand le cueillir

Bien que cultivé toute l'année, l'Enoki porte le surnom de "champignon d'hiver" en raison de sa préférence pour les mois frais. Il est généralement plus abondant en automne et en hiver.

Les bons coins pour le trouver

Originaire d'Asie, l'Enoki prospère dans les forêts humides de la Chine, du Japon et de la Corée. On peut également le retrouver dans certaines forêts d'Amérique du

Nord. Les marchés asiatiques à travers le monde proposent souvent des paquets d'Enoki frais prêts à être cuisinés.

Conseils pratiques

Lorsque vous achetez des Enoki, recherchez des tiges fermes et des chapeaux intacts. À la maison, conservez-les au réfrigérateur pour maintenir leur fraîcheur. Avant de les cuisiner, coupez la base racinaire et séparez délicatement les tiges. Ils se marient bien avec les bouillons, les salades et les sautés. Grâce à leur texture délicate, une cuisson rapide est idéale pour conserver leurs propriétés gustatives.

En cuisine

L'Enoki, avec ses tiges fines et élancées surmontées de petits chapeaux, est une merveille culinaire venue d'Asie. Ce champignon délicat présente une saveur douce et légèrement fruitée, le rendant populaire dans des préparations comme les soupes, les salades ou les plats sautés. Ses fines tiges offrent une texture croquante, contrastant avec la tendresse du chapeau, ce qui le rend idéal pour des préparations crues comme les salades. Pour préserver sa texture et sa saveur, il est préférable de le nettoyer en le rinçant rapidement à l'eau plutôt qu'en le laissant tremper. En termes de propriétés, l'Enoki est **riche en vitamines B, en fibres alimentaires** et possède une teneur notable en **antioxydants**. Il contient également des composants qui pourraient **stimuler le système immunitaire**. Ainsi, l'Enoki n'est pas seulement un délice pour les papilles, mais aussi un bienfait pour la santé.

L'Enoki en cuisine

Salade fraîche d'Enoki et légumes croquants

INGRÉDIENTS : 200 g d'Enoki frais, 1 carotte, 1 concombre, 1 radis rouge, 2 c. à s. de vinaigre de riz, 1 c. à s. d'huile de sésame, 1 c. à s. de sauce soja, 1 c. à s. de graines de sésame grillées, sel et poivre.

1. Commencez par nettoyer délicatement les Enoki en coupant la base racinaire et en les rinçant brièvement sous l'eau.

2. Épluchez et taillez la carotte, le concombre et le radis en fines lamelles ou en julienne.

3. Dans un grand saladier, mélangez les Enoki avec les légumes.

4. Dans un petit bol, préparez la vinaigrette en combinant le vinaigre de riz, l'huile de sésame et la sauce soja. Assaisonnez avec du sel et du poivre selon votre goût.

5. Versez la vinaigrette sur la salade et mélangez délicatement pour bien enrober les ingrédients.

6. Saupoudrez de graines de sésame grillées avant de servir. Dégustez cette salade rafraîchissante comme entrée ou comme accompagnement d'un plat principal.

LE CHAMPIGNON PORTOBELLO
(AGARICUS BISPORUS)

L'ÉTOILE DES CUISINES DU MONDE

Plongeons-nous dans l'univers des champignons et découvrons le géant savoureux de la famille : le Champignon Portobello.

Le Champignon Portobello est la version mature du champignon de Paris, et il est renommé pour sa grande taille et son goût prononcé. Sa surface, large et plate, de couleur brun foncé, le rend parfait pour de multiples préparations culinaires. Sa texture charnue est agrémentée de lamelles brunâtres sous son chapeau, lui offrant un goût riche et un arôme terreux.

Comment l'identifier

Le Portobello est reconnaissable par son large chapeau, pouvant parfois atteindre jusqu'à 15 cm de diamètre. Sa couleur varie du brun clair au brun foncé. Sous le chapeau, il arbore des lamelles serrées, de couleur brun foncé. Sa chair épaisse et sa texture ferme le distinguent des autres variétés.

À ne pas confondre !

Méfiez-vous du Champignon Agaric, qui peut être toxique. Bien qu'il ressemble au Portobello, sa couleur blanche et son anneau proéminent sur le pied sont des signes distinctifs.

Quand le cueillir

Le Portobello est surtout récolté du printemps à l'automne, mais il est disponible toute l'année dans de nombreux magasins en raison de sa culture commerciale.

Les bons coins où le trouver

Originaire d'Europe, le Portobello est aujourd'hui cultivé dans de nombreux pays, notamment aux États-Unis, au Canada et en Australie. Les régions au climat tempéré et humide sont idéales pour sa croissance.

Conseils pratiques

Lorsque vous choisissez des Portobellos, recherchez ceux ayant une surface lisse, sans taches ni meurtrissures. Stockez-les dans un sac en papier au réfrigérateur pour prolonger leur fraîcheur. Avant la cuisson, retirez délicatement leurs lamelles pour une meilleure texture et un goût plus doux. Utilisez une cuillère pour gratter en douceur.

En cuisine

Le Champignon Portobello est une star de la gastronomie moderne. Avec sa taille imposante et sa texture charnue, il est souvent utilisé comme une alternative végétarienne aux steaks dans les burgers et sandwiches. Grillé, farci ou même cru, le Portobello offre une palette de saveurs terreuses et robustes qui ravissent les palais. Une particularité remarquable est sa capacité à absorber les saveurs des marinades, ce qui le rend exceptionnellement versatile dans divers plats. Il est primordial de le nettoyer délicatement avec un chiffon humide pour éliminer les résidus de terre. Immerger le Portobello dans l'eau n'est pas recommandé car il pourrait devenir spongieux. En termes de **propriétés**, le Portobello est **riche en fibres, en vitamines D, B et en sélénium**. Il a également des **propriétés antioxydantes**. C'est un champignon autant nutritif qu'agréable en bouche !

Le Champignon Portobello en cuisine

Burger de Portobello Grillé

INGRÉDIENTS : 2 grands champignons Portobello, 2 buns à burger, 1 tomate, quelques feuilles de laitue, 1 oignon rouge, 2 c. à s. d'huile d'olive, 1 c. à c. d'ail haché, 2 tranches de fromage (optionnel), sel et poivre.

1. Préchauffez le grill ou la poêle à feu moyen-haut.

2. Nettoyez les Portobellos avec un chiffon humide et retirez leurs tiges.

3. Dans un bol, mélangez l'huile d'olive, l'ail haché, le sel et le poivre. Badigeonnez cette marinade sur les deux faces des champignons.

4. Placez les Portobellos sur le grill ou la poêle, chapeau vers le bas, pendant 5-6 minutes. Retournez et continuez la cuisson pour 5 minutes supplémentaires. Ajoutez le fromage sur le dessus si désiré.

5. Assemblez le burger avec le bun, la laitue, la tomate tranchée, l'oignon rouge et le Portobello grillé.

6. Servez chaud avec des frites ou une salade fraîche.

LE PLEUROTE DU PANICAUT
(PLEUROTUS ERYNGII)

LE TRÉSOR CACHÉ DES TERRES ROCHEUSES

Découvrons un des trésors méconnus des sols rocheux : le Pleurote du panicaut.

Le Pleurote du panicaut, souvent moins célèbre que ses cousins, est néanmoins une délice gastronomique recherchée par les connaisseurs. Sa particularité vient du fait qu'il pousse sur les racines du panicaut, une plante des régions calcaires. Son chapeau épais et charnu, de couleur

146

variant du crème au brunâtre, est adossé à un pied solide, blanc et légèrement élargi à la base.

Comment l'identifier

Ce champignon se caractérise par un chapeau ovoïde ou cylindrique, qui peut mesurer jusqu'à 12 cm de diamètre. Il ne présente pas de lames, mais une surface lisse et uniforme. Son pied, souvent centré, est robuste. La chair est dense, blanche et conserve une odeur agréablement douce, voire légèrement fruitée.

À ne pas confondre !

Prudence avec certaines variétés de pleurotes qui, bien que comestibles, peuvent ne pas être aussi savoureuses que le Pleurote du panicaut. Assurez-vous toujours de bien identifier vos cueillettes pour éviter les mauvaises surprises.

Cueillette

Le Pleurote du panicaut se récolte principalement à la fin de l'été jusqu'à l'automne, période durant laquelle il atteint sa maturité optimale.

Les bons coins pour le trouver

Ce champignon spécifique préfère les sols calcaires des régions méditerranéennes, particulièrement en France, en Espagne et en Italie. Il apprécie les terrains rocailleux où pousse le panicaut, d'où son nom.

Conseils pratiques

Lorsque vous partez en quête de ce champignon, munissez-vous d'un sac en toile qui permettra une bonne aération et évitera la moisissure. Considérant sa croissance sur les panicauts, un couteau avec une lame fine est idéal pour déterrer délicatement le champignon sans endommager ses racines. Veillez aussi à ne cueillir que les spécimens en bonne santé, laissant les jeunes et les plus vieux pour continuer le cycle naturel.

En cuisine

La Pleurote du panicaut est un trésor méconnu des amateurs de champignons. Sa chair tendre et parfumée offre une saveur douce et légèrement boisée. Elle s'intègre harmonieusement dans de nombreuses préparations, que ce soit dans des quiches, des omelettes, ou simplement sautée à la poêle avec quelques herbes aromatiques. Sa consistance veloutée se marie également bien dans des plats plus élaborés, tels que des terrines ou des mousselines. Il est important de la nettoyer délicatement en utilisant un chiffon humide pour retirer toute trace de terre ou de saleté. Éviter de la tremper dans l'eau, car elle peut devenir spongieuse. Avant de la cuisiner, il est préférable de la sécher soigneusement. Du point de vue nutritif, la Pleurote du panicaut est **riche en vitamine D**, en **fibres alimentaires** et en **antioxydants**. Elle offre également une bonne source de **protéines**. Ce champignon combine ainsi bienfaits nutritionnels et plaisir gustatif.

La Pleurote du panicaut en cuisine

Tagliatelles aux Pleurotes du panicaut

INGRÉDIENTS : 250 g de tagliatelles fraîches, 150 g de Pleurotes du panicaut, 1 échalote, 1 gousse d'ail, 20 cl de crème fraîche, 2 c. à s. d'huile d'olive, sel, poivre, et persil haché.

1. Faites cuire les tagliatelles dans une grande casserole d'eau salée jusqu'à ce qu'elles soient al dente.

2. Pendant ce temps, émincez l'échalote et l'ail finement.

3. Dans une poêle, chauffez l'huile d'olive et faites-y revenir l'échalote et l'ail jusqu'à ce qu'ils soient dorés.

4. Ajoutez les Pleurotes du panicaut préalablement nettoyées et coupées en lamelles. Faites-les sauter pendant 5 minutes.

5. Versez la crème fraîche dans la poêle, assaisonnez de sel et de poivre, puis mélangez bien.

6. Egouttez les pâtes et incorporez-les à la sauce. Mélangez bien, saupoudrez de persil haché, puis servez chaud.

LE CHAMPIGNON KING OYSTER
(PLEUROTUS ERYNGII)

LA PERLE DES CUISINES ASIATIQUES

Plongeons au cœur de l'Asie pour découvrir une vedette des cuisines asiatiques : le Champignon King Oyster.

Le Champignon King Oyster, également connu sous le nom de Pleurote en forme d'huître, est particulièrement apprécié en Asie. C'est un champignon de taille impressionnante, doté d'un pied épais et d'un chapeau plat. Sa chair est dense, ferme, et dégage un arôme délicatement boisé. La texture est à la fois croquante et tendre, ce qui le rend populaire dans de nombreux plats, notamment sautés ou grillés.

Comment l'identifier

Le King Oyster se caractérise par son long pied épais, souvent plus grand que le chapeau lui-même. Le chapeau est plat, rond, de couleur crème à brunâtre. Le pied, robuste et blanc, contraste nettement avec le chapeau. Contrairement à d'autres pleurotes, il n'a pas de lamelles mais une surface lisse.

À ne pas confondre !

Ne le confondez pas avec d'autres pleurotes plus courantes qui ont des chapeaux plus fins et des pieds moins massifs. Bien que ces derniers soient comestibles, leur texture et leur saveur diffèrent considérablement.

Quand le cueillir

Le King Oyster pousse principalement au printemps et en automne, bien qu'il soit cultivé en serre toute l'année dans certains pays.

Les bons coins où le trouver

Originaire d'Asie, le Champignon King Oyster est fréquemment trouvé en Chine, en Corée, et au Japon. Aujourd'hui, grâce à sa popularité, il est cultivé à grande échelle et peut être rencontré dans les supermarchés du monde entier.

Conseils pratiques

Si vous tombez sur des King Oysters sauvages, utilisez un couteau tranchant pour couper le pied à la base. Stockez-les dans un sac en papier au réfrigérateur pour conserver leur fraîcheur. Lors de la préparation, n'hésitez pas à griller ou sauter ces champignons pour mettre en avant leur texture unique et leur saveur riche.

En cuisine

Le Champignon King Oyster est une star des tables asiatiques. Sa chair épaisse et robuste offre une saveur douce, presque similaire à celle de l'abricot. Très apprécié pour sa polyvalence, il se glisse dans des préparations variées : sauté, grillé, ou encore en lamelles dans les soupes. Sa consistance ferme est un atout majeur pour des plats plus inventifs, tels que le carpaccio ou les brochettes. Pour garantir sa saveur authentique, il est recommandé de le brosser plutôt que de le laver. Une immersion prolongée dans l'eau pourrait le rendre spongieux. En termes de **propriétés**, le King Oyster est une source considérable de **vitamines B, protéines, et antioxydants**. Il contient également des minéraux tels que le **zinc, le fer et le potassium**. Un champignon délectable et hautement nutritif !

Le Champignon King Oyster en cuisine

Steak de King Oyster grillé

INGRÉDIENTS : 4 gros Champignons King Oyster, 2 c. à s. d'huile d'olive, 2 gousses d'ail émincées, 1 c. à s. de sauce soja, 1 c. à s. de miel, 1 c. à s. de thym frais, sel et poivre.

1.   Dans un bol, mélangez l'huile d'olive, l'ail, la sauce soja, le miel, le thym, le sel et le poivre pour créer une marinade.

2.   Tranchez les King Oysters en steaks d'environ 2 cm d'épaisseur.

3.   Immergez les tranches de champignons dans la marinade pendant au moins 30 minutes.

4.   Préchauffez votre grill ou poêle à feu moyen-élevé.

5.   Placez les steaks de champignons sur le grill et faites cuire pendant 3-4 minutes de chaque côté, en les badigeonnant régulièrement de marinade.

6.   Servez chaud, garni de thym frais et d'un filet de sauce soja si désiré.

L'AURICULAIRE

(AURICULARIA AURICULA-JUDAE)

LE DÉLICE DES SOUS-BOIS ASIATIQUES

*Explorez un des trésors des forêts asiatiques :
l'Auriculaire, souvent évoqué comme "l'oreille de Judas".*

L'Auriculaire, connu sous le nom d'oreille de Judas ou oreille de bois, est une variété couramment utilisée dans la cuisine asiatique. De forme singulière, elle évoque, comme son nom l'indique, une oreille. Sa texture est à la fois gelée et croquante, apportant une dimension unique aux plats. Sa couleur varie du brun foncé au noir, et sa taille peut aller jusqu'à 8 centimètres de large.

Comment l'identifier

L'Auriculaire se reconnaît à sa forme évoquant une oreille humaine. Sa texture est gelatinous, tout en étant légèrement croquante lorsqu'elle est cuite. Elle est de couleur brun-noir, tendant parfois vers une teinte pourpre. Cette particularité fait d'elle un champignon facilement identifiable parmi les autres variétés.

À ne pas confondre !

Méfiez-vous des champignons ayant une texture semblable mais une odeur désagréable. Bien que la plupart ne soient pas toxiques, certains peuvent provoquer des troubles digestifs ou des réactions allergiques.

Quand le cueillir

L'Auriculaire se cueille principalement au printemps et à l'automne. Cependant, dans les régions où le climat est plus humide, il peut aussi apparaître durant les étés pluvieux.

Les bons coins pour le trouver

Originaire d'Asie, l'Auriculaire se plait dans les forêts humides de Chine, du Japon et de Corée. Cependant, on le retrouve aussi dans certaines forêts européennes. Pour le trouver, cherchez les troncs d'arbres morts ou en décomposition, où il pousse en abondance.

Conseils pratiques

Avant de partir à la recherche des Auriculaires, pensez à emporter un petit sac en papier pour y mettre vos récoltes, cela préservera leur fraîcheur. Étant donné qu'ils poussent souvent en hauteur, une petite échelle ou un bâton peut être utile. Enfin, leur texture étant unique, il est préférable de les cuisiner rapidement après la cueillette pour profiter pleinement de leur croquant.

En cuisine

L'Auriculaire, mieux connu sous le nom d'Oreille de Judas, est un trésor culinaire originaire d'Asie. Sa texture gelée unique se marie parfaitement avec diverses préparations, faisant de lui un choix prisé dans les soupes et les sautés. Fréquemment, il est utilisé réhydraté après séchage, conservant ainsi une saveur boisée et un croquant distinctif. Cette oreille végétale est non seulement savoureuse mais également bénéfique pour la santé. En effet, l'Auriculaire est **riche en fibres alimentaires**, et possède des **propriétés antioxydantes**. Il contient également des **polysaccharides bénéfiques**, qui ont démontré des propriétés pour soutenir la santé immunitaire. Ainsi, l'Auriculaire est un champignon à la fois délicieux et nutritif.

L'Auriculaire en cuisine

Soupe d'Auriculaire aux légumes

INGRÉDIENTS : 20 g d'Auriculaires séchés (réhydratés), 1 carotte, 1 oignon, 2 gousses d'ail, 1 L de bouillon de légumes, 2 c. à s. de sauce soja, 1 c. à s. d'huile de sésame, sel et poivre.

1. Commencez par réhydrater les Auriculaires dans de l'eau tiède pendant 20 minutes. Une fois ramollis, égouttez-les et coupez-les en fines lamelles.

2. Dans une casserole, faites revenir l'oignon et l'ail hachés avec un peu d'huile jusqu'à ce qu'ils soient translucides.

3. Ajoutez la carotte coupée en rondelles fines et faites revenir pendant 5 minutes.

4. Intégrez ensuite les lamelles d'Auriculaires et poursuivez la cuisson pendant 3 minutes.

5. Versez le bouillon de légumes, ajoutez la sauce soja, et laissez mijoter à feu doux pendant 20 minutes.

6. Juste avant de servir, ajoutez l'huile de sésame, mélangez bien et rectifiez l'assaisonnement selon le goût. Servez chaud.

CONCLUSION : DEVENIR UN CUEILLEUR ECLAIRE

Continuer l'aventure mycologique : prochaines étapes et approfondissements

Au terme de cette immersion dans le monde fabuleux des champignons, on peut aisément comprendre que ce n'est que le début d'une aventure mycologique qui peut durer toute une vie. Les champignons, par leur diversité et leurs mystères, nous invitent à une quête sans fin de connaissance et de découverte.

Pour poursuivre cette aventure, pensez à rejoindre des groupes et des associations mycologiques locaux. Ces groupes organisent souvent des sorties de cueillette, des conférences et des ateliers qui vous permettront de parfaire vos connaissances. De plus, la cueillette en groupe offre une sécurité supplémentaire, en permettant de confronter ses identifications avec des mycologues plus expérimentés.

Investissez également dans de bons outils : une loupe, des guides de terrain supplémentaires, ou même des cours de microscopie peuvent être de précieux alliés dans votre quête. La mycologie, comme tout domaine scientifique, évolue avec le temps. Gardez-vous informé des dernières découvertes, des nouvelles classifications, et des spécificités régionales.

Enfin, pour ceux qui souhaitent aller encore plus loin, pourquoi ne pas envisager la culture de champignons comestibles à la maison ? C'est une merveilleuse façon de comprendre leur biologie et d'avoir une source régulière de délices frais.

Remerciements et encouragements pour les futures excursions

C'est avec une immense gratitude que je tiens à remercier chaque lecteur et lectrice qui a pris le temps de se plonger dans ce guide. Votre curiosité et votre passion pour la nature sont le moteur qui a donné vie à cet ouvrage. Un remerciement spécial est également adressé à tous les mycologues, professionnels et amateurs, qui ont partagé leurs connaissances et leur expérience tout au long de la rédaction.

La cueillette des champignons est bien plus qu'une simple activité de loisir. Elle nous relie à la terre, nous enseigne la patience, l'observation et nous rappelle l'importance de respecter et de préserver notre environnement. Chaque sortie en forêt est une occasion de s'émerveiller, de se reconnecter à soi-même et au monde qui nous entoure.

En tant que cueilleurs, nous avons également une responsabilité : celle de prélever de manière éthique et durable, en veillant à ne pas surexploiter les ressources et à respecter les habitats naturels. C'est en adoptant ces pratiques que nous pourrons garantir que les générations futures auront elles aussi la chance de découvrir et de profiter des merveilles mycologiques.

Pour finir, je vous souhaite d'innombrables découvertes dans vos futures excursions. Que chaque sortie soit pour vous une aventure, une énigme à résoudre et une occasion de s'émerveiller. Les forêts, les prés et même nos jardins regorgent de trésors insoupçonnés. À vous de les découvrir, avec prudence, respect et émerveillement.

Bonnes découvertes et à très bientôt sur les sentiers mycologiques !

Remerciements

Je tiens à exprimer ma gratitude à tous ceux qui ont rendu ce livre possible. Aux nombreux chercheurs et auteurs qui ont préservé et interprété cet art de cueillir et consommer les champignons. À l'équipe d'édition qui a soigneusement façonné chaque page de ce livre. Et surtout, à vous, chers lecteurs, pour votre intérêt.

Donnez votre avis sincère sur Amazon !

Vos suggestions et critiques sont précieuses.

Elles permettent que chaque lecture soit encore plus satisfaisante !

Je vous remercie sincèrement d'avoir lu mon livre.

Je vous souhaite tout le succès que vous méritez !

Source Images

L'auteur et l'éditeur tiennent à remercier particulièrement les sites :

www.pxhere.com/

www.freepik.com

www.commons.wikipedia.org